Pesquisa de
mercado

Central de Qualidade — FGV Management
ouvidoria@fgv.br

SÉRIE MARKETING

Pesquisa de mercado

Roberto Meireles Pinheiro
Guilherme Caldas de Castro
Helder Haddad Silva
José Mauro Gonçalves Nunes

Copyright © 2011 Roberto Meireles Pinheiro, Guilherme Caldas de Castro, Helder Haddad Silva, José Mauro Gonçalves Nunes

Direitos desta edição reservados à
EDITORA FGV
Rua Jornalista Orlando Dantas, 37
22231-010 — Rio de Janeiro, RJ — Brasil
Tels.: 0800-021-7777 — 21-3799-4427
Fax: 21-3799-4430
editora@fgv.br — pedidoseditora@fgv.br
www.fgv.br/editora
Impresso no Brasil/*Printed in Brazil*

Todos os direitos reservados. A reprodução não autorizada desta publicação, no todo ou em parte, constitui violação do copyright (Lei nº 9.610/98).

Os conceitos emitidos neste livro são de inteira responsabilidade dos autores.

1ª edição — 2011; 1ª e 2ª reimpressões — 2012; 3ª reimpressão — 2013; 4ª e 5ª reimpressões — 2014; 6ª reimpressão — 2015.

Preparação de originais: Mariflor Rocha
Editoração eletrônica: FA Editoração Eletrônica
Revisão: Eduardo Monteiro e João Sette Camara
Capa: aspecto:design
Ilustração de capa: Anderson Barros

       Pinheiro, Roberto Meireles
          Pesquisa de mercado / Roberto Meireles Pinheiro... [et al.]. – Rio de Janeiro : Editora FGV, 2011.
          156 p. — (Marketing (FGV Management))

          Em colaboração com Guilherme Caldas de Castro, Helder Haddad Silva, José Mauro Gonçalves Nunes.
          Publicações FGV Management.
          Inclui bibliografia.
          ISBN: 978-85-225-0953-9

          1. Pesquisa de mercado. 2. Marketing. I. Castro, Guilherme Caldas de. II. Silva, Helder Haddad. III. Nunes, José Mauro Gonçalves. IV. FGV Management. V. Fundação Getulio Vargas. VI. Título. VII. Série.

                         CDD — 658.83

*Aos nossos alunos e aos nossos colegas docentes,
que nos inspiram a pensar e a repensar as nossas práticas.*

Sumário

Apresentação 9

Introdução 13

1 | Sistemas de informações de marketing 17
Sistema de informações 17
Dados, informações e conhecimento 25
Busca e gerenciamento de informações 27
Delimitando a pesquisa de mercado 28
Diferentes aplicações da pesquisa de mercado 31
Novos rumos da pesquisa de mercado 36

2 | Aspectos gerais da pesquisa de mercado 45
Definição do problema e dos objetivos da pesquisa 46
Formas de aplicação 53
Tipos de pesquisa 56
Planejamento 59
Formas de execução 63

3 | Pesquisa quantitativa – planejamento e coleta de dados 69

Características da pesquisa quantitativa 69
Amostragem 72
Procedimentos de amostragem probabilística 81
Procedimentos de amostragem não probabilística 84
Coleta de dados na pesquisa quantitativa 86
Abordagem disfarçada na pesquisa quantitativa 92
Elaboração de questionário — tipos de perguntas 93
Pré-teste do questionário 96

4 | Pesquisa quantitativa – trabalho de campo, processamento de dados, análise e apresentação de resultados 99

Recursos humanos para o trabalho de campo 99
Trabalho de campo 106
Processamento de dados 109
Cruzamento de questões 114
Análise dos resultados 117
Apresentação dos resultados 118

5 | Pesquisa qualitativa 123

Necessidades da pesquisa qualitativa 124
Características e limitações da pesquisa qualitativa 125
Definição da técnica de abordagem 127
Recrutamento e seleção de entrevistados 137
Coleta de dados na pesquisa qualitativa 140
Análise e apresentação de resultados 144

Conclusão 147

Referências 151

Os autores 153

Apresentação

Este livro compõe as Publicações FGV Management, programa de educação continuada da Fundação Getulio Vargas (FGV).

Instituição de direito privado com mais de meio século de existência, a FGV vem gerando conhecimento por meio da pesquisa, transmitindo informações e formando habilidades por meio da educação, prestando assistência técnica às organizações e contribuindo para um Brasil sustentável e competitivo no cenário internacional.

A estrutura acadêmica da FGV é composta por oito escolas e institutos: a Escola Brasileira de Administração Pública e de Empresas (Ebape), dirigida pelo professor Flavio Carvalho de Vasconcelos; a Escola de Administração de Empresas de São Paulo (Eaesp), dirigida pela professora Maria Tereza Leme Fleury; a Escola de Pós-Graduação em Economia (EPGE), dirigida pelo professor Rubens Penha Cysne; o Centro de Pesquisa e Documentação de História Contemporânea do Brasil (Cpdoc), dirigido pelo professor Celso Castro; a Escola de Direito de São Paulo (Direito GV), dirigida pelo professor Ary Oswaldo Mattos

Filho; a Escola de Direito do Rio de Janeiro (Direito Rio), dirigida pelo professor Joaquim Falcão; a Escola de Economia de São Paulo (Eesp), dirigida pelo professor Yoshiaki Nakano; o Instituto Brasileiro de Economia (Ibre), dirigido pelo professor Luiz Guilherme Schymura de Oliveira. São diversas unidades com a marca FGV, trabalhando com a mesma filosofia: gerar e disseminar o conhecimento pelo país.

Dentro de suas áreas específicas de conhecimento, cada escola é responsável pela criação e elaboração dos cursos oferecidos pelo Instituto de Desenvolvimento Educacional (IDE), criado em 2003 com o objetivo de coordenar e gerenciar uma rede de distribuição única para os produtos e serviços educacionais da FGV, por meio de suas escolas. Dirigido pelo professor Clovis de Faro e contando com a direção acadêmica do professor Carlos Osmar Bertero, o IDE engloba o programa FGV Management e sua rede conveniada, distribuída em todo o país (ver www.fgv.br/fgvmanagement), o programa de ensino a distância FGV Online (ver www.fgv.br/fgvonline), a Central de Qualidade e Inteligência de Negócios e o Programa de Cursos Corporativos In Company. Por meio de seus programas, o IDE desenvolve soluções em educação presencial e a distância e em treinamento corporativo customizado, prestando apoio efetivo à rede FGV, de acordo com os padrões de excelência da instituição.

Este livro representa mais um esforço da FGV em socializar seu aprendizado e suas conquistas. Ele é escrito por professores do FGV Management, profissionais de reconhecida competência acadêmica e prática, o que torna possível atender às demandas do mercado, tendo como suporte sólida fundamentação teórica.

A FGV espera, com mais essa iniciativa, oferecer a estudantes, gestores, técnicos — a todos, enfim, que têm internalizado o conceito de educação continuada, tão relevante nesta era do conhecimento — insumos que, agregados às suas práticas, possam contribuir para sua especialização, atualização e aperfeiçoamento.

Clovis de Faro
Diretor do Instituto de Desenvolvimento Educacional

Ricardo Spinelli de Carvalho
Diretor Executivo do FGV Management

Sylvia Constant Vergara
Coordenadora das Publicações FGV Management

Introdução

Este livro representa um compromisso de longo prazo de seus autores com uma abordagem gerencial e atualizada sobre o uso da pesquisa de mercado na tomada de decisões de marketing. O objetivo é integrar a discussão dos aspectos teóricos e conceituais da pesquisa de mercado com uma abordagem mais pragmática dos temas abordados, permitindo uma leitura favorável ao aprendizado de estudantes e de profissionais.

A estrutura do livro, a seleção de conteúdos e a escolha dos casos relatados resultam da conciliação entre a realidade e a experiência dos autores em salas de aula de cursos de pós-graduação realizados em diversos estados brasileiros. Assim, buscamos produzir um texto que abranja conceitos tradicionais e contemporâneos, oriundos de outras obras importantes já publicadas na área, e que seja, ao mesmo tempo, de fácil leitura, com o objetivo de estimular os leitores por meio de exemplos atualizados, que podem subsidiar aplicações desafiadoras.

O livro está estruturado em cinco capítulos.

O capítulo 1 aborda os sistemas de informação de marketing, dando destaque para a pesquisa de mercado como a ferramenta principal utilizada pelas empresas para a obtenção de informações inéditas e úteis para a tomada de decisões empresariais. Diferencia dados, informações e conhecimento, descrevendo o processo de busca e gerenciamento das informações. Discute diferentes aplicações da pesquisa de mercado e, por fim, destaca os novos rumos da pesquisa de mercado, apresentando as pesquisas on-line quantitativa e qualitativa e as diferentes aplicações da pesquisa nos dias atuais, como os estudos de segmentação por atitude, com base em redes neurais.

O capítulo 2 detalha os aspectos gerais da atividade de pesquisa de mercado, caracterizando as formas de aplicação e os três tipos de pesquisa existentes: a exploratória, a descritiva e a experimental. O capítulo também descreve os principais aspectos do planejamento da pesquisa de mercado, detalhando as principais formas de execução.

O capítulo 3 trata especificamente das etapas de planejamento e coleta de dados na pesquisa quantitativa, abordando temas como os diferentes métodos de coleta disponíveis, a elaboração e o pré-teste de questionários, os procedimentos de amostragem probabilística e não probabilística, a abordagem disfarçada, os tipos de perguntas e o trabalho de campo.

Ainda tratando da pesquisa quantitativa, o capítulo 4 concentra a discussão nas etapas de campo, processamento de dados, cruzamento de questões, análise e apresentação de resultados.

O capítulo 5, por sua vez, apresenta em detalhes a pesquisa qualitativa, suas características e técnicas de abordagem. Analisa o desenvolvimento da pesquisa qualitativa, abordando o recrutamento e a seleção de entrevistados e a coleta de dados na pesquisa qualitativa, por meio de grupos de discussão, entrevistas individuais em profundidade e observação. Trata também da análise e da apresentação de resultados.

As figuras que ilustram o livro, quando não identificada fonte externa, foram idealizadas por seus autores, e uma parcela significativa delas pode ser encontrada no material didático do Curso Pesquisa de Mercado, de Guilherme Caldas de Castro, desenvolvido para o FGV Online.

Neste livro, usaremos as expressões "pesquisa de marketing" e "pesquisa de mercado" indistintamente, apesar de alguns autores apontarem supostas diferenças entre um processo e outro. Para a finalidade deste livro, acreditamos ser perfeitamente dispensável.

1 | Sistemas de informações de marketing

Decisões empresariais precisam ser tomadas a todo momento. De que maneira avaliar se o momento é ou não o mais acertado? Que subsídios podem ser utilizados para minimizar esse risco? Quais dados ou informações serão realmente úteis para a tomada de decisão? A pesquisa de marketing, como ferramenta de auxílio à administração mercadológica, pode ser um instrumento poderoso de análise de mercado e de interpretação da realidade, que colabora com a resolução dessas e de outras questões relevantes do mundo empresarial. Neste capítulo, serão vistos conceitos essenciais sobre sistemas de informações de marketing, o que inclui a atividade de pesquisa de mercado.

Sistema de informações

O sistema de informações de marketing (SIM) reúne as informações de mercado que a empresa utiliza em suas análises, subsidiando a tomada de decisões. Segundo Aaker e colaboradores (2001:16), um sistema de informações é uma estrutura interativa e contínua de pessoas, equipamentos e procedimentos que coletam, selecionam, analisam e distribuem informações de marketing pertinentes, corretas e em tempo hábil para os tomadores de decisões.

O principal papel de um SIM é avaliar as necessidades de informação do administrador, desenvolver as mais úteis, e distribuí-las no tempo certo a quem de direito. Entretanto, os tomadores de decisão muitas vezes querem todas as informações possíveis e inimagináveis, o que só reforça a importância de haver um sistema para disciplinar esse fluxo. O SIM justifica-se para não gerar um esforço desnecessário na coleta de dados que nunca serão analisados e que, portanto, nunca vão criar informações. A modelagem de um SIM deve contemplar o cruzamento dos fatores apontados na figura 1. Trabalhando dessa forma, aumentam as chances de organizar e construir um sistema de informações realmente útil, permitindo a geração do conhecimento com todas as vantagens decorrentes.

Figura 1
FATORES A SEREM CONSIDERADOS NA MONTAGEM DE UM SIM

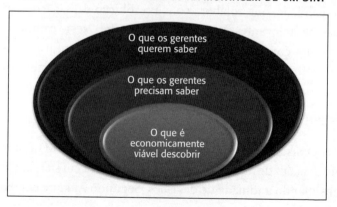

Um sistema de informações de marketing eficiente deve ser capaz de auxiliar os gestores a:

- identificar ameaças e oportunidades;
- gerar subsídios para a criação de vantagens competitivas;
- acompanhar mudanças comportamentais, como valores e crenças, hábitos e atitudes do consumidor; e
- aprimorar continuamente o processo de planejamento estratégico.

Em suma, o SIM deve ser capaz de permitir que o gestor antecipe as condições de mercado com as quais ele terá de lidar, de modo a evitar grandes surpresas. Funcionando como uma espécie de farol, ele não elimina o risco inerente a qualquer negócio, mas certamente o reduz.

Vale observar que o SIM não é um modelo formal e inflexível, mas uma referência conceitual. Como conceito, o SIM é largamente aceito pelas organizações, mas em sua aplicação formal é sempre individualizado, posto que assume uma formatação específica para cada caso. Para que seja possível fazer a ligação entre o modelo e a prática efetiva, é preciso compreender como ele funciona e quais são as partes que o compõem. Cumpre conhecer os diferentes tipos de dados com que o SIM trabalha, saber transformá-los em informação, e esta, em conhecimento. Esse sistema sustenta o processo de tomada de decisões das empresas, gerando, em consequência, o novo conhecimento necessário para a administração mercadológica. A figura 2 apresenta, esquematicamente, o SIM.

Em linhas gerais, o SIM funciona da seguinte forma. Inicialmente, o sistema é alimentado com dados oriundos do macroambiente (relativos a política, cultura, tecnologia, ecologia, geografia, legislação, economia), do microambiente (relativos a consumidores, canais de distribuição, concorrentes, fornecedores, públicos e complementadores) e da própria operação da empresa (contábeis, financeiros, resultados de vendas, desempenho das iniciativas de marketing). Os dados são classificados de acordo com os subsistemas que compõem o SIM, processados e analisados em conjunto, gerando uma informação classificada que servirá de apoio à tomada de decisões em diferentes níveis da organização. Os subsistemas que compõem o SIM são: subsistema de dados internos, subsistema de inteligência de marketing, subsistema de apoio à administração de marketing e subsistema de pesquisa de marketing, conforme detalhado mais adiante neste capítulo.

Figura 2
MODELO DE FUNCIONAMENTO DE UM SIM

Os dados de entrada podem ser primários ou secundários. Chamamos de dados primários os inéditos, ou seja, quase sempre os que resultam de pesquisas de mercado geralmente feitas para estudar um determinado assunto, para atender a necessidades específicas de informação. Foram coletados especialmente para resolver um problema específico. Os dados secundários são os que já estão disponíveis no mercado ou na própria empresa, que já foram coletados, tabulados e analisados com propósitos outros, que estão à disposição dos interessados.

O Instituto Brasileiro de Geografia e Estatística (IBGE), por exemplo, é uma importante fonte de dados secundários, coletados segundo padrões técnicos elevados, acessíveis por qualquer interessado, geralmente a um custo baixo. Na verdade, e cada vez mais, muitos dados secundários podem ser obtidos por meio de sites na internet, de forma rápida, barata e acessível por qualquer empresa ou pessoa. No quadro 1, há exemplos de fontes de dados secundários.

Quadro 1
EXEMPLOS DE DADOS SECUNDÁRIOS

Instituições não governamentais	Serviços padronizados de informações
Federação e Centro das Indústrias do Estado de São Paulo (Fiesp/Ciesp)	Entidades: Associação Brasileira das Empresas de Pesquisa (Abep)
Associação Nacional dos Fabricantes de Veículos Automotores (Anfavea)	Dados do consumidor: Ibope Mídia, Kantar World Panel
Departamento Intersindical de Estudos e Estatísticas (Dieese)	Dados do varejo: Nielsen Retail Index
Departamento de Economia e Estudos Setoriais da FGV	Dados empresariais: Serasa, *Valor Econômico*
Demais associações de classe, sindicatos, ONGs	Demais pesquisas contínuas e painéis de mercado
Órgãos governamentais	Publicações em geral e internet
Instituto Brasileiro de Geografia e Estatística (IBGE)	Jornais e revistas
Banco Nacional de Desenvolvimento Econômico e Social (BNDES)	Sites de busca (Google, Bing)
Instituto de Pesquisa Econômica Aplicada (Ipea)	Portais, blogs e fóruns
Ministérios do governo	Redes sociais (Facebook, Twitter)

Séries históricas de consumo por segmento ou região, estatísticas de atendimento e vendas, indicadores de qualidade e relatórios financeiros são exemplos de dados secundários internos, ou seja, disponíveis e gerados pela própria organização. Notícias relativas à concorrência, tendências mundiais e panoramas setoriais são exemplos de dados secundários externos, obtidos por meio de consultas a diferentes instituições. Fontes de consultas para esses tipos de dados são jornais, revistas, associações de empresas, autarquias, bibliotecas e universidades.

Retomando a estrutura do SIM, o subsistema de dados internos envolve todo dado que a empresa produz para gerir o andamento dos negócios. Um bom exemplo são os tradicionais relatórios gerenciais de desempenho de vendas, relatórios financeiros, dados de produção e estoque, dados setoriais, regionais ou globais. São, basicamente, dados secundários.

O subsistema de inteligência de marketing envolve toda a inteligência que se pode buscar externamente à empresa, como, por exemplo, auditorias de varejo, painéis de consumidores, *clipping* de imprensa, estudos setoriais gerados por entidades e associações, leituras, conversas com distribuidores. Podem ser dados secundários ou primários.

O subsistema de apoio à administração de marketing é um conjunto de recursos tecnológicos (software e hardware) e técnicas estatísticas aplicadas à gestão de negócios. Softwares de gestão empresarial que integram todos os departamentos e, consequentemente, todos os dados gerados por uma determinada organização; softwares especialistas — um software desenvolvido para capturar pedidos de vendas pela internet —; e ferramentas estatísticas, como análise discriminante, análise fatorial e de *clusters*, são exemplos de sistemas de apoio à tomada de decisões.

O subsistema de pesquisa de marketing é um dos componentes do SIM. Entre esses componentes, ele é o único instrumento que coleta dados primários. Em muitas empresas, esse subsistema é o objeto principal de um departamento de pesquisa de mercado ou está presente nos departamentos de marketing.

Finalmente, a informação gerada é disseminada para os profissionais interessados. Após a tomada de decisão, o cenário mercadológico modifica-se, gerando um conhecimento proveniente da análise de como as decisões baseadas nas informações foram eficazes ou não. Portanto, há elementos para definir como seria a melhor maneira de corrigir eventuais erros de curso, em um processo de retroalimentação e atualização do sistema.

Assim, na constituição de um sistema de informações, algumas premissas básicas e conceitos fundamentais precisam estar no cerne das preocupações daqueles que definirão a forma como o sistema será modelado, de modo a se estabelecer seu melhor formato. A figura 3 apresenta as premissas que devem nortear essa modelagem.

Figura 3
PREMISSAS NORTEADORAS DA ARQUITETURA DO SISTEMA

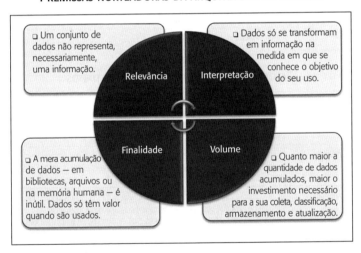

Os fatores presentes na figura 3 não deverão inibir a busca por dados necessários à geração do conhecimento. Assim, para estabelecer o melhor formato de um bom sistema de informações, devem ser considerados tanto elementos da arquitetura do sistema quanto da estrutura da organização, como no quadro 2.

Quadro 2
ELEMENTOS DEFINIDORES DO FORMATO DO SIM

Arquitetura do sistema	Estrutura da organização
Qual o objetivo, o formato e o tipo de informação necessária ao processo de tomada de decisões.	Que perfil terá a equipe que cuidará do sistema.
Com que velocidade dados e informações deverão se manter atualizados.	Com que velocidade dados e informações deverão atingir seus diferentes destinos.
	De que modo o sistema de informação estará ligado às esferas decisórias.

Além disso, cuidados devem ser tomados na coleta e no armazenamento dos dados. É importante que o gestor do sistema tenha uma postura crítica com relação aos dados disponíveis na organização, posto que um conjunto bastante significativo de fatores pode interferir na possibilidade de utilizá-los, como mostra o quadro 3.

Quadro 3
FATORES QUE INVIABILIZAM O USO DE DADOS

Confiabilidade	Os dados disponíveis podem não ser confiáveis por vários motivos, por exemplo, por não estarem datados, ou por não se saber como se chegou a eles, ou por serem fruto de mero "achismo".
Dispersão	Os dados estão dispersos dentro da empresa, exigindo grande esforço para serem localizados — e, nesse caso, só vale a pena investir nos efetivamente importantes.
Supressão	Os dados realmente importantes são suprimidos, ou demoram muito a aparecer, por conveniência política, por gerarem polêmica ou por terem impacto sobre decisões importantes dentro da empresa.
Identificação	Os dados importantes disponíveis na organização não permitem localizar a fonte, questão especialmente delicada porque a falta de fonte impede a atualização do dado.
Interpretação	A interpretação dos dados é muito pessoal e, por vezes, pode induzir a erro na tomada de decisão. Também há casos em que um administrador interpreta os dados de forma viesada para justificar as suas decisões.
Manipulação	Dados e informação representam poder e alimentam feudos internos e externos. Quando tais feudos existem, disponibilizam-se apenas as informações que enaltecem o trabalho de um feudo, ou que atacam outro.

Há, ainda, diferentes formas de interpretação dos dados, de acordo com a formação dos administradores que os utilizam. Os especialistas com frequência olham dados, interpretam-nos de forma localizada e restrita e, normalmente, criam polêmica por falta de visão generalista. Por outro lado, os generalistas interpretam dados e visualizam apenas se o seu uso atende às questões estratégicas. Acima de tudo, ter dados e conhecê-los é cultura, no sentido de domínio de conhecimento; saber processá-los, transformando-os em informação, é sobrevivência. A inteligência de negócios é muito mais uma forma de comportamento do que um sistema formatado, formal e cartesiano.

Dados, informações e conhecimento

O sistema de informações de marketing deve permitir e facilitar a transformação de dados em informações, e estas em conhecimento estratégico, gerando a melhoria qualitativa do processo de tomada de decisões estratégicas e táticas.

Dentro de um SIM, os dados constituem a entrada do sistema. Em estado bruto, de nada valem. É preciso que sejam submetidos a um processo de análise para que possam "dizer" o que se esconde por trás deles, ou seja, é preciso que sejam "lidos" à luz dos elementos vindos do macroambiente, do microambiente e da própria realidade da empresa. Em outras palavras, é preciso que sejam "analisados à luz do mercado". Após a análise dos dados, são geradas informações, que constituem a saída do sistema. Elas vão alimentar o processo decisório da empresa.

As decisões tomadas, por sua vez, modificam o cenário, gerando um novo dado, que retroalimenta o sistema. Em consequência, surge o conhecimento, o resultado da análise de como as decisões baseadas nas informações foram ou não eficazes e, a partir delas, qual a melhor maneira de agir no futuro, corrigindo eventuais erros de curso. Como exemplo, a figura 4, a seguir, apresenta seis pirâmides etárias do Brasil.

Figura 4
EVOLUÇÃO DA PIRÂMIDE ETÁRIA BRASILEIRA

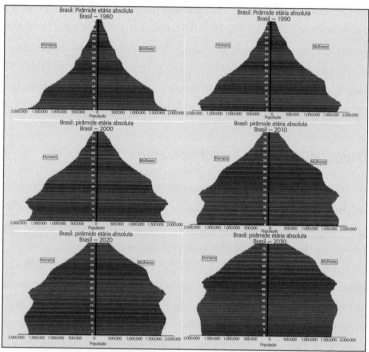

Fonte: IBGE. Disponível em: <http://www.ibge.gov.br/home/estatistica/populacao/projecao _da_populacao/piramide/piramide.shtm>.

Cada uma dessas pirâmides, tomada isoladamente, constitui um dado. Entretanto, a análise das seis pirâmides — as quatro primeiras com dados reais e as duas últimas com estimativas — permite compreender de que forma a população brasileira vem crescendo, e, ainda, extrair conclusões sobre o provável comportamento dessa população no futuro, o que faz com que esses dados se transformem em informação. Com base nessa informação, é possível tomar decisões. Nesse caso, o conhecimento (ou seja, aquilo que se aprende com a realidade) resultaria da comparação das ações tomadas a partir dessa informação com os resultados obtidos após sua implantação.

Busca e gerenciamento de informações

Os dados podem ser organizados por tema, data, marca, produto ou outra dimensão qualquer que seja julgada relevante. É importante que o desenho do sistema seja feito *a priori*, para que a classificação dos dados possa ser mais perene. Além disso, por uma questão de segurança, é importante que se defina quem deve ter acesso ao sistema, como ele será feito e qual será a frequência de atualização dos dados.

O acesso aos dados se dá de diferentes formas. Os dados secundários são normalmente obtidos sem maiores problemas: muitos já estão disponíveis na organização, outros podem ser conseguidos em diferentes fontes e, boa parte das vezes, sem custo. Os dados primários são oriundos de pesquisas que, em geral, são feitas sob medida para estudar um determinado assunto.

Ao coletar os dados que farão parte do SIM, os maiores cuidados devem recair sobre sua veracidade e sua longevidade. Os dados secundários devem ser informados com a data de coleta, e não da publicação. Diversos estudos e anuários setoriais mostram dados que foram coletados com um ano ou mais de antecedência à sua publicação. Deixar claro quando o dado foi coletado é, portanto, fundamental para que se possa gerar uma informação mais consistente e contextualizada. O mesmo se refere à longevidade das pesquisas. Encarando-a como um retrato de determinada realidade em um dado momento, a pesquisa é um "produto" extremamente perecível. Logo, dispor da data em que ela foi realizada também é fundamental para que possa ser feita uma melhor análise.

Delimitando a pesquisa de mercado

Para a American Marketing Association (Malhotra, 2001:45),

> pesquisa de marketing é a função que liga o consumidor, o cliente e o público ao homem de marketing, por meio da informação — usada para identificar e definir oportunidades e problemas de mercado; para gerar, refinar e avaliar ações de marketing; para monitorar o desempenho de marketing e para melhorar a compreensão do marketing como processo. A pesquisa de marketing especifica as informações necessárias para se tratar dessas questões; concebe o método para coleta das informações; gerencia e implementa o processo de coleta de dados; analisa os resultados; comunica as constatações e suas implicações.

A pesquisa de mercado faz o diagnóstico de uma determinada situação mercadológica a partir de um esforço planejado e organizado para a obtenção de fatos e novos conhecimentos de mercado, de modo a minimizar os riscos de uma tomada de decisão. Contudo, é importante deixar claro que o pesquisador não pode tomar a decisão pelo executivo de marketing, pois a pesquisa lida com um produto altamente perecível, a informação. Como se diz usualmente, a pesquisa é uma "fotografia do momento".

As pesquisas têm uma série de aplicações práticas na gestão de marketing. Podem ser realizadas para avaliar oportunidades de mercado, ou para desenvolver opções de segmentação de mercado, ou ainda para compreender as atitudes e o comportamento do consumidor. Ou seja, sua aplicabilidade das pesquisas abrange praticamente todas as esferas do marketing, subsidiando processos de análise e avaliação, conforme demonstra a figura 5.

Figura 5
APLICABILIDADE DAS PESQUISAS

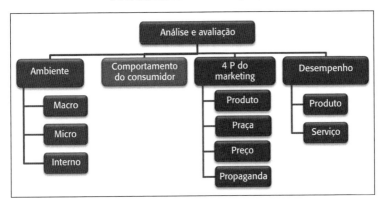

Mattar (2000) afirma que, de uma maneira geral, todo profissional de marketing trabalha com as seguintes informações para a tomada de decisão:

- análise do macroambiente e do microambiente — condições da economia, legislação, tecnologia, demografia, ecologia, política e cultura; estimativa do potencial do mercado consumidor; análise do mercado intermediário; evolução do mercado; demanda por segmento; diferenças regionais; surgimento e crescimento de novos mercados; concorrência direta e indireta; concorrência entre produtos e serviços;
- análise do comportamento, necessidades, desejos e características do consumidor ou cliente — perfil demográfico e psicográfico do consumidor, razões de compra, atitudes e opiniões, motivações de consumo, identificação de hábitos e costumes, necessidades e desejos que estão sendo satisfeitos;
- ambiente interno — recursos, talentos e competências específicas nas áreas de marketing, gestão de pessoas, produção, finanças, tecnologia, e outras;
- produtos e serviços — nível de conhecimento de produtos e serviços, preferência do consumidor, experimentação de

produtos e marcas, adaptação de produtos atuais, novos usos para antigos produtos, posição do produto e da empresa em face da concorrência, teste de conceito, pré-teste, teste de mercado, teste de embalagem, imagem de marca, frequência de uso, local e época de compra, participação do produto ou marca no mercado, serviços de pós-venda, assistência técnica, instalação, linha direta com o consumidor e ações para enfrentar a concorrência;

☐ preço — estabelecimento de preços, elasticidade do preço em relação a demanda, aumento, manutenção ou redução de preços, e importância relativa do preço comparado às demais variáveis do marketing *mix*;

☐ distribuição — escolha de intermediários, teste de desempenho, efeito do treinamento em vendas, seleção de canais de distribuição, determinação de zonas de vendas, determinação de cotas de vendas e avaliação de ponto de venda;

☐ comunicação — avaliação de campanhas publicitárias, pré-testes de anúncios e pós-testes de recordação de campanhas, efeito de campanhas promocionais e da propaganda na mudança da imagem de marca;

☐ informações sobre medidas de desempenho — acompanhamento de vendas por linha de produto, por produto ou por mercado, participações de mercado, lucratividade, imagem de marca, níveis de resposta de propaganda e promoções de vendas para consumidores, intermediários e vendedores.

Dependendo do tipo de negócio a que está ligado, o profissional de marketing deverá saber calibrar a importância dos diversos fatores listados anteriormente, o que, por sua vez, vai gerar uma referência específica para o desenho de seu sistema de informações de marketing.

Diferentes aplicações da pesquisa de mercado

Dada a crescente oferta de produtos no mercado, a complexidade dos gostos e das preferências dos consumidores, e o acirramento da concorrência, as empresas atualmente buscam se posicionar de maneira mais eficaz na procura de oportunidades rentáveis de mercado.

O processo de segmentação de mercado é um componente do planejamento organizacional que, ao lado da identificação do público-alvo e do posicionamento estratégico do produto no mercado, constituem as bases das decisões estratégicas de marketing de uma empresa.

Nesse contexto, o processo de segmentação de mercado é de fundamental importância na criação de estratégias de marketing efetivamente eficazes. Segundo Weinstein (1995:18), a segmentação pode ser entendida como "o processo de dividir mercados em grupos de consumidores potenciais com necessidades ou características similares, que, provavelmente, exibirão comportamento de compra similar". Portanto, o primeiro passo para o aprimoramento das estratégias de marketing das empresas no contexto contemporâneo leva a reconhecer que nem todos os produtos e serviços oferecidos são direcionados para todos os consumidores.

No caso dos consumidores finais, os critérios mais adotados pelas empresas na segmentação de mercado são os seguintes:

❑ geodemográficos — baseados em fatores como região geográfica, a saber, Norte, Nordeste, Sudeste, Sul e Centro-Oeste, tamanho do município, tamanho da cidade, concentração populacional urbana, suburbana ou rural, clima tropical, temperado ou frio, faixa etária, abrangendo desde crianças e adolescentes até jovens adultos, adultos e idosos, gênero masculino ou feminino e, por fim, número de integrantes da família;

- socioeconômicos — estágio de vida familiar, renda, classe social ou econômica, ocupação, nível de instrução, religião, raça, nacionalidade;
- psicográficos — estilo de vida, características de personalidade, valores, gostos, preferências e tendências de consumo dos indivíduos; e
- comportamentais — taxa de uso do produto, frequência e variedade de uso, benefícios procurados, qualidade, serviço e economia, grau de lealdade ao produto, que pode ir de nenhum ou leve até forte ou absoluto, envolvimento emocional do consumidor, abrangendo desde entusiasta, positivo e indiferente até negativo e hostil.

Já no caso dos consumidores organizacionais, a lógica dos critérios de segmentação segue uma linha semelhante, apenas sendo necessários alguns ajustes:

- geodemográficos — setor, tamanho da empresa, localização geográfica;
- operacionais — tecnologia, situação do usuário, capacidade dos clientes;
- abordagem de compra — organização da função de compra, estrutura de poder, natureza dos relacionamentos existentes, política geral de compra, critérios para a compra;
- fatores situacionais — urgência da compra, aplicação específica do produto, tamanho do pedido;
- fatores pessoais — semelhanças existentes entre vendedor e comprador, atitude perante o risco, lealdade.

Os critérios podem ser utilizados de forma isolada ou combinada, sendo mais usual a última. Como essa lista não é exaustiva, deve ser adequada à natureza do produto, bem como às características dos compradores. O uso de critérios de segmentação agrupados é chamado de "segmentação intermercados".

Para realizar um estudo de segmentação, deve-se identificar inicialmente, por meio de pesquisas anteriores e de dados secundários, qual o público-alvo do estudo. É muito importante conhecer, qualitativamente, como os consumidores se relacionam com o produto em estudo, segundo o(s) critério(s) escolhido(s), ou seja, geodemográfico, socioeconômico, psicográfico ou comportamental.

Os estudos mais completos são os que utilizam uma combinação de todos esses critérios, com ênfase especial nos psicográficos e nos comportamentais, pois, por meio deles, é possível segmentar os consumidores não apenas pelo comportamento de compra, mas também pelo estilo de vida, pelos valores, pelos gostos e preferências, no que hoje se chama de pesquisa de segmentação atitudinal.

Um estudo de segmentação atitudinal eficaz deve compreender as seguintes etapas: pesquisa qualitativa; pesquisa quantitativa; processamento e análise dos dados levantados; *targeting* e *positioning paper* da marca ou produto. As três primeiras etapas levam à segmentação propriamente dita, e as duas últimas permitem estabelecer, finalmente, o posicionamento do produto.

Uma das formas mais frequentes de desenvolver um estudo qualitativo, que pretende verificar em profundidade como os consumidores agem, pensam e se relacionam com o produto objeto do estudo, é a técnica de discussões em grupo, conforme será visto no capítulo 5 deste livro, por meio da qual é possível detalhar, entre outros aspectos, os *likes* e os *dislikes*, isto é, os aspectos agradáveis e desagradáveis no relacionamento do consumidor com o produto, bem como sua experiência de compra.

Concluída a pesquisa qualitativa, normalmente tem-se um bom conjunto de informações que permitirão prosseguir à pesquisa quantitativa. Empregando questionários e com forte apoio da estatística e do processamento de dados, a quantitativa obterá resultados que bem descreverão o(s) segmento(s)-alvo.

Nessa etapa quantitativa é importante desenhar uma amostra suficientemente ampla para que seja possível cobrir todo o espectro dos diferentes clientes. É importante salientar que não podemos desconsiderar as particularidades locais da região que estiver sendo estudada, tomando-se o cuidado de estabelecer cotas de clientes a serem entrevistados pessoalmente, cobrindo as mais importantes e significativas áreas geográficas.

Nesse contexto, é comum que o questionário seja longo, muitas vezes atingindo até uma hora de entrevista. Em muitos casos, utilizam-se artifícios, como o uso de *notebooks* ou *palmtops*, a fim de que a entrevista possa fluir mais rapidamente, sem contar as outras vantagens decorrentes do uso desse tipo de hardware, tais como redução dos erros não amostrais de digitação e transcrição, entre outros.

Uma vez coletados todos os dados, iniciam-se as fases mais delicadas: a de processamento e a de análise. Nesse momento, será necessária a utilização de técnicas estatísticas avançadas, por exemplo, as análises discriminante, fatorial e canônica, a partir das quais os consumidores serão divididos em *clusters* (segmentos), em função da homogeneidade das respostas conferidas por eles a determinadas perguntas.

Nesse ponto, a presença de respostas semelhantes determina a composição de grupos formados por pessoas com características comuns, ou seja, internamente homogêneos, embora heterogêneos entre si. Quanto mais heterogêneos entre si forem os segmentos, mais eles realmente dividem os consumidores em grupos distintos.

Com isso, desenha-se o chamado *screening*, um questionário-filtro que objetiva verificar, em qualquer tempo, a pertinência da segmentação realizada. O *screening* deve ser composto por poucas questões, capazes de demarcar, especificamente, o grupo a que um determinado consumidor pertence. Essa é uma ferramenta de suma importância para estudos posteriores, pois permite que se busquem consumidores no *target* correto.

Após a conclusão do estudo de segmentação, inicia-se a fase de *targeting*, ou posicionamento estratégico do produto, que consiste na verificação, dentro dos segmentos encontrados, de um perfil de consumidor ideal para cada produto ou marca, de acordo com o portfólio da empresa. Trata-se de uma fase muito importante, pois é o momento em que se traduzem os resultados da pesquisa para a realidade da empresa.

Se uma empresa estiver estudando uma segmentação de mercado que se traduza em posicionamento de marca, então o passo final é escrever o *positioning paper* da marca, ou seja, um resumo, em que se diga o que a marca representa para os clientes, seus valores e promessas básicas.

O *positioning paper* é um documento importante na medida em que divulga, de forma clara, para toda a empresa, como a marca se posiciona no mercado, apontando os caminhos que devem ser seguidos em todo o trabalho de comunicação e desenvolvimento de produtos. Logo, é uma peça fundamental para ser disponibilizada tanto internamente quanto para a agência de propaganda que realiza o trabalho de comunicação com o mercado.

A melhor forma de construir o *positioning paper* é analisar o comportamento dos consumidores do segmento-alvo (segmento primário) no qual se pretende posicionar a marca, sem desconsiderar aquele segmento que possa ser por ela atingido, apesar de não ser o mais identificado com a mesma (segmento secundário). Essa análise é importante porque os segmentos evoluem com o tempo e devemos analisar se um segmento secundário tem condições de evoluir para o primário, seja por meio do amadurecimento dos consumidores, seja por meio de ações de marketing ou de comunicação que possam ser planejadas para "puxar" os clientes para o segmento de maior interesse.

Um bom trabalho de segmentação é aquele que, quando concluído, oferece informações suficientes para "contar a história do consumidor de cada segmento", ou seja, para permitir que se entenda, de forma clara e distinta, o que ele espera, pensa e como age.

Novos rumos da pesquisa de mercado

Em pesquisa de mercado, uma das maiores preocupações, talvez a maior, reside na forma de atingir o respondente, especialmente porque, em geral, uma quantidade significativa de pessoas não responde a pesquisas, não importando a metodologia utilizada. Tal recusa está relacionada, sobretudo, ao valor que o respondente dá ao assunto e à pesquisa em si.

A popularização do uso de ambientes tecnológicos, e, em especial, da internet, tem trazido um influxo significativo para as propostas de uso da rede como meio para realizar pesquisas de mercado, pois apresenta um número considerável de vantagens, como aponta o quadro 4.

Quadro 4
VANTAGENS DAS PESQUISAS ON-LINE

Acesso a um grande número de pessoas.
Possibilidade de obter amostras da população com um foco específico.
Possibilidade de obter o mesmo tipo de informação que em entrevistas pessoais e telefônicas.
Viabilidade de fazer chegar ao respondente imagens e animações.
Velocidade ao compilar os dados.
Custo reduzido.

No entanto, nem todas as pesquisas pela internet têm levado a resultados confiáveis. A falta de um entrevistador para dar assessoria ao entrevistado, assim como o tamanho dos questionários, limita a realização de pesquisas pela internet. E mesmo via rede, o canal utilizado acarreta diferença nas taxas de respostas: os *chats* de entrevistas, por exemplo, têm resultado em taxas de respostas mais altas do que as pesquisas respondidas via e-mail. Paralelamente, surge a necessidade de buscar formas de adaptar os procedimentos de pesquisa a esse novo veículo, que envolvem tanto o modo de abordagem do entrevistado quanto a escolha do canal a ser utilizado para a pesquisa.

Nos Estados Unidos, onde hoje a entrevista pessoal não tem a força que tem na Europa, há muitos anos estão sendo utilizados painéis nos quais a comunicação entre seus membros é feita tipicamente por e-mail ou telefone. Assim como em malas diretas, o oferecimento de um incentivo para o retorno da pesquisa é importante quando se usa a internet, gerando, assim, um potencial para criação de um grande banco de dados, mesmo que as taxas de respostas para pesquisas on-line sejam pequenas, a exemplo do que ocorre com as de pesquisas realizadas por telefone.

O emprego de questionários em janelas *pop-up* tem sido muito frequente entre as empresas que procuram o serviço on-line, geralmente indústrias, por apresentarem taxas de respostas elevadas em relação às pesquisas on-line tradicionais. A amostragem nas pesquisas on-line tradicionais tem as características apresentadas no quadro 5.

A questão da abordagem tem se constituído uma das preocupações primordiais de pesquisas pela internet, visto que a ela se associa considerável parcela da taxa de retorno da pesquisa. Hoje já se sabe que é preciso convidar as pessoas a participar por meio de um e-mail, no qual se explica a natureza do trabalho, sensibilizando e incentivando o convidado a concluir o questionário.

Quadro 5
AMOSTRAGEM NAS PESQUISAS ON-LINE TRADICIONAIS

Características da amostragem em pesquisas on-line
O pesquisador tem controle sobre quem é incluído ou não na amostra, sem que se perca seu caráter aleatório.
Todos os visitantes do site têm a mesma probabilidade de serem selecionados.
Respondentes repetidos são eliminados por *cookies* ou outros meios de identificação.
Do mesmo modo que na entrevista pessoal, uma vez abordado, o respondente tem informações sobre como será a pesquisa, podendo decidir completá-la ou não.
A taxa de não resposta pode ser facilmente calculada.

Os questionários devem ser disponibilizados em sites e não enviados por e-mail, como arquivos de textos, para maximizar a taxa de retorno. Por outro lado, recomenda-se oferecer algum tipo de incentivo para o retorno dos mesmos, com outros mecanismos que não o financeiro.

Cuidados adicionais precisam ser tomados em pesquisas pela internet, conforme apontado na figura 6.

Figura 6
CUIDADOS A SEREM TOMADOS NAS PESQUISAS PELA INTERNET

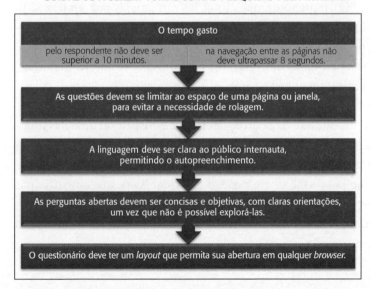

Entretanto, devemos nos perguntar se o problema estudado na pesquisa pode ser coberto por uma amostra de internautas. É sempre bom ter em mente o perfil do público-alvo e, consequentemente, a penetração da internet nesse universo. Um dos maiores entraves à realização de pesquisas utilizando a internet reside na homogeneidade da população estudada, que pode ser um problema quando se pretende atingir um universo mais amplo de pessoas. Em qualquer pesquisa, para o universo ser considerado de forma correta, todos, em tese, devem ter a mesma chance de serem pesquisados. Como todos não têm as mesmas chances de acesso à internet, a premissa não se concretiza, a não ser que o perfil do público-alvo seja o mesmo dos internautas. Assim, se fizéssemos uma pesquisa de satisfação dos moradores de uma cidade com seu atual prefeito, deveríamos ter certeza de que uma parcela significativa de cada segmento da população tem acesso à web, o que nem sempre acontece. Portanto, o universo já inviabilizaria o método, pois a pesquisa não teria embasamento estatístico.

Com o intuito de enfrentar essa restrição, algumas empresas marcam previamente a entrevista por telefone e disponibilizam *notebooks* com acesso à rede. Alguns países têm tentado implementar um método em que as pessoas são sorteadas e, por meio de um contato telefônico, são convidadas a participar da pesquisa on-line. Caso o respondente não tenha acesso à rede, são fornecidos um teclado e uma caixa conversora que, acoplados à TV, permitem acesso à internet, garantindo, assim, a resposta ao questionário. Apesar de muito cara, tal metodologia permite que se abranja um universo muito mais heterogêneo, originando um resultado estatisticamente confiável.

E o que nos reserva o futuro? No Japão, há muito mais usuários de internet móvel, via celular, do que usuários da internet tradicional. Com isso, a provedora líder do mercado, *I-mode*, que só trabalha com internet móvel, passou a utilizar os celulares como veículos para a realização de pesquisas (figura 7).

A integração entre telefone e internet apresenta vantagens, mesmo quando comparada às pesquisas on-line tradicionais: cobertura mais ampla; abordagem em qualquer local; rapidez nas respostas; baixo custo de um acesso; prêmios eficientes, sendo habitualmente créditos telefônicos; e, por fim, a identificação do respondente, determinando o uso de amostragens mais fidedignas.

No entanto, limitações tecnológicas podem ser entraves ao uso do veículo: a mortalidade de respostas por perda de sinal do celular e a exigência de resoluções gráficas simples obrigam os pesquisadores a desenhar questionários igualmente simples, com poucas perguntas e sempre bem objetivas.

Figura 7
I-MODE E PESQUISA POR INTERNET MÓVEL

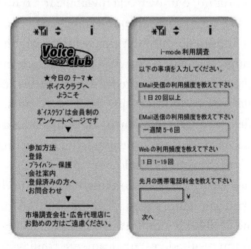

Em função disso, e considerando o cenário tecnológico com que lidaremos em um horizonte próximo, pesquisas por celular podem ser utilizadas, por exemplo, para *tracking* de propaganda, ou seja, após a veiculação de um comercial na TV, ou após o respondente passar por um outdoor; para avaliar a satisfação do consumidor, após compra em alguma loja específica; e para pequenas pesquisas *ad hoc* (sob demanda).

Um exemplo recente de uma pesquisa por celular no Japão foi um estudo de hábitos e atitudes de consumidores de café. O questionário era composto de 10 questões, sendo uma aberta no final, com tempo estimado de resposta de cinco minutos. A amostra desenhada foi de 1.109 homens, de 18 a 39 anos, consumidores de café. A pesquisa foi vespertina e atingiu mais de 60% de taxa de resposta em apenas três horas! Podemos imaginar que, em um futuro próximo, esse venha a ser um novo e eficiente meio de realização de pesquisas on-line. Com a popularização da internet, vem se desenvolvendo o uso da discussão em grupo on-line, como veremos a seguir.

Discussões em grupo on-line (DG on-line) nada mais são do que discussões em grupo, realizadas via internet. A fase de recrutamento segue a mesma dinâmica da qualitativa tradicional: as pessoas são recrutadas segundo um questionário de filtro, aplicado por telefone ao possível entrevistado, buscando aqueles que se encaixam no perfil do estudo, ao qual se agregam características específicas, como ter um computador pessoal com acesso à internet e familiaridade com o uso de *chats*.

Se a pessoa passa no filtro, recebe um e-mail, contendo o *link* para um *chat*, bem como *login* e senha para entrar no grupo e o horário em que a discussão será realizada.

A discussão em grupo não acontece em uma sala de espelho, mas em um ambiente virtual, on-line, semelhante a um *chat*, ao qual os entrevistados se conectam por meio de seus computadores pessoais, de casa ou do ambiente de trabalho. A empresa que contratou a pesquisa acompanha o grupo com seus próprios computadores, como observadora, podendo se manifestar apenas para o moderador, sem ser vista pelos demais participantes. O moderador conduz o grupo, tendo prioridade na proposição da discussão. O administrador do sistema se encarrega de mantê-lo estável e de reconectar os respondentes que, eventualmente, tenham saído do grupo por problemas de conexão. A figura 8 apresenta um esquema de conexão de DG on-line.

Figura 8
ESQUEMA DE FUNCIONAMENTO DE DG ON-LINE

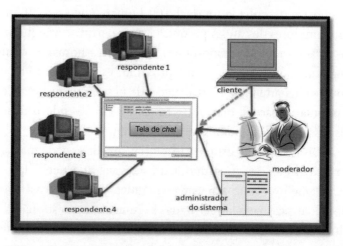

As principais vantagens da realização de grupos on-line são: a rapidez; a facilidade no recrutamento de executivos; a facilidade na produção de relatórios, porque todas as falas já estão em meio digital; a possibilidade de testar conceitos; o fato de juntar, em um mesmo grupo, pessoas de locais diferentes, desde que preservados aspectos culturais e a língua materna; o fato de todos os participantes serem ouvidos; e o maior controle por parte de quem contrata a pesquisa. Além disso, é ideal para mercados jovens e para questões delicadas, como o uso de métodos contraceptivos.

Entretanto, há desvantagens: a moderação on-line exige novas habilidades, posto que controlar uma discussão em um *chat* é muito diferente de controlar uma discussão em grupo. Quando o computador é a mídia, os aspectos não verbais do grupo se perdem, e pode haver distorções, pois o único mecanismo de recuperação do que as pessoas pensam é o que elas escreveram. Além disso, o *chat* é pouco eficaz para expressar emoções. É uma falácia acreditar que *emoticons* (☺) sejam capazes de expressar, efetivamente, o que os participantes estejam sentindo.

Apesar da difusão dos *chats* de voz, a dificuldade de gravá-los acaba reduzindo as possibilidades de uso em relação aos *chats* tradicionais, nos quais o ato de escrever reduz muito não só a velocidade, mas, principalmente, a espontaneidade das respostas, o que não ocorre nas discussões tradicionais. Some-se a essas a dificuldade já identificada para todas as demais pesquisas realizadas pela rede: o perfil do grupo. Nesse caso, a situação se agrava na medida em que, além de ter acesso à rede, o respondente precisa estar familiarizado com *chats*.

Na verdade, pelo menos até o momento em que este livro estava sendo escrito, a pesquisa on-line não substituía a qualitativa tradicional. Entretanto, com a evolução da tecnologia, algumas limitações podem ser ultrapassadas, abrindo espaço para pesquisas qualitativas via internet. Limitações relativas à velocidade de acesso, ou à performance de placas de vídeo, que até bem pouco tempo eram uma realidade, hoje já praticamente não se aplicam, o que nos permite antever que grande parte das restrições possa se tornar coisa do passado em um futuro próximo.

Este capítulo abordou os sistemas de informação de marketing, dando destaque para a pesquisa de mercado como a ferramenta principal das empresas para a obtenção de informações inéditas e úteis para a tomada de decisões empresariais. Diferenciamos dados, informações e conhecimento, descrevendo o processo de busca e gerenciamento das informações.

Discutimos diferentes aplicações da pesquisa de mercado e, por fim, destacamos seus novos rumos, apresentando as pesquisas on-line quantitativa e qualitativa e suas diferentes aplicações nos dias de hoje, como os estudos de segmentação atitudinal e aqueles com base em redes neurais.

O próximo capítulo detalhará os aspectos gerais da atividade de pesquisa de mercado, caracterizando as formas de aplicação e os três principais tipos de pesquisa existentes: a exploratória, a descritiva e a experimental. O capítulo 2 também descreverá os principais aspectos do planejamento da pesquisa de mercado, detalhando as principais formas de execução.

2

Aspectos gerais da pesquisa de mercado

Já sabemos que a informação é produto perecível, e que, por isso, é necessário saber exatamente o que queremos antes de pesquisar, para que não venhamos a ter em mãos informações inúteis. Já sabemos, também, que nem todos os problemas gerenciais podem ser resolvidos por meio de pesquisas de mercado. Portanto, é preciso saber agora em que circunstâncias a pesquisa se torna, realmente, necessária a uma tomada de decisão bem embasada.

Inúmeras vezes os gestores procuram os profissionais de pesquisa solicitando uma pesquisa sobre "algo". Entretanto, só isso é muito pouco para se definir a necessidade de realizá-la ou não. Dentro daquele "algo", é preciso definir o que, especificamente, se quer saber. Qual é o problema de gestão que deve ser resolvido, e que informações podem ser úteis para tal solução? Alguns passos devem ser dados nesse sentido. O primeiro deles é decidir quais são os problemas e os objetivos da pesquisa, ou, de forma bem simples, o que se quer saber.

Definição do problema e dos objetivos da pesquisa

O problema de pesquisa delimita o alcance do estudo, especifica a natureza da informação desejada, explicita qual é a real dúvida de informação. Usando de uma metáfora, podemos entender o problema como um obstáculo, como um buraco que impede de seguir o caminho de decisões empresariais. E se o problema é um buraco no meio da estrada, a pesquisa é como uma ponte sobre ele, que permite a segurança. É com base na definição do problema que todas as etapas subsequentes da pesquisa são geradas. Se houver erro na definição do problema, todo o processo de pesquisa pode ficar comprometido. Existe a possibilidade de haver objetivos equivocados, metodologia inadequada e resultados distorcidos.

Imagine a seguinte situação: o departamento de vendas de uma empresa percebe que a quantidade de pedidos de um determinado produto vem caindo mês a mês. O gerente comercial procura, então, o gerente de pesquisas e solicita: "Quero que você faça uma *pesquisinha* sobre o produto X". No mesmo momento, em outra empresa, uma situação muito semelhante ocorre e, diferentemente do primeiro, o gerente comercial pede: "Quero uma pesquisa que nos mostre se o consumo do produto X está caindo para todos os fabricantes, ou se estamos perdendo espaço para a concorrência".

A diferença essencial entre as duas situações está no fato de que o gerente comercial da segunda empresa já formulou uma ideia do que pode estar acontecendo, e sabe exatamente o que quer que a pesquisa avalie. Por isso, as possibilidades de êxito no segundo caso são infinitamente maiores do que no primeiro. Geralmente, os problemas gerenciais e de marketing das empresas tendem a ser amplos e genéricos. Já os problemas da pesquisa de marketing precisam ser específicos e focados, para aumentar as chances de a pesquisa fornecer resultados satisfatórios.

A compreensão do contexto ambiental facilita a identificação do problema. O diagnóstico da situação mercadológica, geralmente fazendo uso de fontes de dados secundários, proporciona a clareza necessária para a definição da questão-chave da pesquisa. Podemos entender o problema de pesquisa como algo relacionado a uma pergunta que precisa ser respondida, tal como ilustra o exemplo a seguir.

Um hotel localizado em uma das cidades do litoral sul de São Paulo passou por sérias transformações em relação à demanda e ao mercado local. Nos últimos anos, a cidade e o hotel em questão deixaram de ser um local apenas destinado às pessoas de maior renda, atraindo pessoas de outras classes econômicas. O hotel, construído e posicionado para atender o cliente com alto poder aquisitivo, estava operando com baixas taxas de ocupação, pois não conseguia atrair o perfil de público desejado. O posicionamento adotado pelo hotel não condizia mais com a realidade da demanda e com a mudança do mercado local. De acordo com esse contexto ambiental, o gestor do hotel viu-se diante de questões relevantes: *o que devo fazer para reverter tal situação? Mudar a estrutura de serviços? Abaixar o preço? Como fazer isso sem prejudicar ainda mais a receita do hotel?* De todas essas questões, havia uma que era a principal questão a ser respondida: quem, atualmente, está se hospedando no hotel? Qual o perfil desse público? Aí estava o problema da pesquisa. O propósito da pesquisa foi então investigar o perfil dos atuais frequentadores do hotel, suas características, necessidades e desejos, para que os resultados do estudo fornecessem os subsídios adequados para um reposicionamento do negócio, com os decorrentes ajustes no *mix* de marketing.

Se o problema estabelece o foco do estudo, os objetivos da pesquisa determinam que informações específicas são necessárias à resolução do problema. Reforçando, os objetivos da pesquisa são determinados de maneira a trazer informações que solucionem o problema de pesquisa. O processo de pesquisa é interdependente com o processo de gestão, exigindo total coerência entre o suposto problema de gestão e os objetivos do projeto de pesquisa (Samara e Barros, 2001:12).

Assim, dependendo do problema de pesquisa e dos recursos disponíveis, sejam físicos, humanos, financeiros ou tecnológicos, os objetivos podem requerer uma simplificação ou um detalhamento maior de escopo, alcance e abrangência.

Os objetivos são traçados a partir da indagação de quais informações relacionadas ao problema são necessárias para a tomada de decisão. É comum que sejam formuladas hipóteses sobre o problema definido. As hipóteses são afirmações ou respostas possíveis, coisas que nós desconfiamos serem verdadeiras, levantadas previamente, e que podem ou não ser confirmadas pela pesquisa. São formuladas, sobretudo, quando se "trata da verificação de relações de causa e efeito entre variáveis" (Mattar, 2000:61). Em geral, os objetivos da pesquisa (quadro 6) se apresentam da seguinte forma:

- ❏ objetivo geral ou principal — tem a utilidade de servir como um balizador, um guia para a busca de informações. O objetivo principal mantém a pesquisa "nos trilhos", evitando que ela perca o foco estabelecido. O objetivo principal responde ao problema de pesquisa. Se o objetivo geral for atingido, o problema terá encontrado sua resposta;
- ❏ objetivos específicos ou secundários — decorrentes muitas vezes das hipóteses, os objetivos secundários são o detalhamento das informações desejadas para responder ao problema de pesquisa. Esses objetivos são de extrema relevância para o processo de pesquisa, pois servirão como base de conteúdo para a elaboração dos instrumentos de coleta de dados, que podem ser questionários (para pesquisas quantitativas), roteiros (para pesquisas qualitativas), ou, ainda, protocolos de observação e outros.

Quadro 6
OBJETIVOS DA PESQUISA

Objetivo geral ou principal	Objetivos específicos ou secundários
Responde ao problema de pesquisa; se o objetivo geral for atingido, o problema terá encontrado sua resposta.	São o detalhamento das informações desejadas para responder ao problema de pesquisa; servem de guia para a montagem do instrumento de coleta de dados.

Veja, a seguir, um exemplo de determinação de objetivos de pesquisa. Suponha o contexto de uma cervejaria que deseja avaliar se a nova campanha de comunicação de sua mais importante marca de cerveja será bem recebida pelo público-alvo. A empresa deseja retomar a "briga" pela liderança do mercado e, para isso, não quer desperdiçar o investimento de propaganda com uma mensagem criativa pouco persuasiva.

Como se fosse um buraco no meio da estrada, o problema de pesquisa é a falta de conhecimento sobre a aceitação do público-alvo da cerveja frente à nova campanha publicitária. O objetivo principal, nesse caso, é verificar a percepção e a aceitação do público-alvo em relação às peças publicitárias (anúncios em televisão e revistas). Os objetivos secundários são verificar os hábitos de consumo de bebidas alcoólicas; identificar as razões que levam ao consumo de cerveja; identificar que atributos são importantes na escolha da cerveja (marca, sabor, tradição, teor alcoólico, preço); identificar a percepção do consumidor sobre as diversas marcas de cerveja do mercado; avaliar a opinião do consumidor a respeito dos anúncios de cerveja veiculados em televisão e revistas; e averiguar a aceitação das peças publicitárias em questão, incluindo pontos fortes e fracos da mensagem publicitária.

Outro exemplo para distinguir objetivos gerais de objetivos específicos é o de uma pesquisa qualitativa encomendada há anos por Epifania Bragança, nome fictício de uma socialite carioca. Convencida de que seu nome poderia funcionar muito bem em relação a produtos femininos, mas ainda incerta quanto a isso (eis o problema de pesquisa), Epifania contratou um instituto para realizar um estudo qualitativo que pudesse detectar a personalidade da marca Epifania Bragança, extraindo sua imagem pública, os valores e atributos que cercavam seu nome e as projeções que ele inspirava. Este era o primeiro objetivo geral da pesquisa. O estudo também deveria identificar as categorias de produtos às quais sua marca poderia ser associada, o que constituía o segundo objetivo geral. Entre os objetivos específicos da pesquisa, decorrentes de seus dois objetivos gerais, estavam:

- ❑ levantar os hábitos, comportamentos, desejos e necessidades das consumidoras;
- ❑ identificar:
  - ❑ o grau de conhecimento e a imagem das marcas de perfumes e batons;
  - ❑ as marcas consumidas e preferidas, bem como as razões de compra, a frequência de consumo, a fidelidade e as razões para a troca de marca;
- ❑ estabelecer o gasto médio mensal com esses produtos, o interesse em modismos, a busca de novidades, as fontes de informação, os pontos e canais de venda habituais e preferidos;
- ❑ identificar e hierarquizar os atributos de liderança (qualidade, preço, estilo, variedade de produto, propaganda, recomendação de terceiros), além dos atributos intrínsecos a cada categoria de produtos;
- ❑ avaliar o conceito de sua linha de produtos e mapear suas principais forças e fragilidades;
- ❑ verificar as especificidades que agregam valor a um produto e que devem ou podem ser exploradas em sua formatação e lançamento;

❑ avaliar as possibilidades de associação com marcas já estabelecidas, seja sob os aspectos de produção ou de comercialização;

❑ identificar o nome ideal para a nova marca (Epifania Bragança), entre as opções, bem como a pertinência de um slogan;

❑ conceituar a nova marca ideal;

❑ investigar o que deveria ser mantido, mudado e introduzido no conceito testado, em termos de linha, produtos, associações e estratégias comerciais e de comunicação.

Desse modo, foi organizado um estudo qualitativo, de caráter exploratório, que, por meio da técnica de discussões em grupo, detectou fatores motivacionais e aprofundou dados e informações espontâneas, subjetivas e objetivas. Buscando como foco de pesquisa mulheres, moradoras do Rio de Janeiro, na faixa etária de 16 a 45 anos e pertencentes às classes sociais B e C+, conforme o complementado por grau de escolaridade, local de moradia e hábitos de vida e consumo inerentes a esses segmentos.

A partir da formação dos grupos, foi possível descobrir que eram produtos essenciais batons, perfumes e lingeries. Foram considerados produtos importantes óculos escuros e brincos, destacando-se ainda um terceiro conjunto de comportamentos que mereciam sacrifícios, como manter uma boa coleção de batons, ter pelo menos um bom perfume, pelo menos um conjunto de lingerie de renda e não passar o dia sem um par de brincos. Para cada produto foi possível identificar os significados, as preferências por marcas, cores, características, embalagens, gasto médio, canais de venda e fontes de informação e atualização.

Quanto à imagem de Epifania Bragança, foi possível apurar dados subjetivos a seu respeito, como receptividade à marca, concluindo que seu nome reunia atributos essenciais à valorização de uma grife de produtos femininos. Nesse contexto, a categoria de perfumes surgiu como a mais adequada à sua imagem, exatamente por ser vista como luxo e um elemento que "desnuda" a personalidade feminina, tornando-se instigante e exigindo qualidade e autenticidade. Já os batons também se mostraram como produtos de grande aceitação, mas foram apontados como a categoria que melhor se adequaria a uma extensão de linha, bem como toda a família de cosméticos básicos, a saber: lápis de olho, rímel, sombras e *blush*.

De posse dos resultados, Epifania Bragança sentiu-se bem mais segura para continuar a criação de um produto que levasse seu nome como marca, optando pela categoria dos perfumes. Seu principal dilema era, entretanto, conciliar características que ela mesma desejava em um produto dessa categoria com o que poderia ser bem aceito, e pago, pelo seu público-alvo, formado por mulheres das classes B e C+. Antes de constituir equipe para iniciar o *business plan*, levantar o montante de investimento e definir o modelo de negócio, ela ainda se perguntava se o melhor formato era:

❑ simplesmente licenciar o uso de seu nome como marca para um grande fabricante de perfumes, minimizando os riscos e recebendo *royalties*; ou

❑ arcar com os custos de uma produção autônoma, contratando serviços de diferentes empresas já estabelecidas para criar a essência, desenvolver embalagem, fabricar, envasar, promover e distribuir o produto; ou, ainda,

❑ estabelecer ela própria uma indústria que realizasse todas essas etapas, o que envolveria maiores investimentos e riscos.

Nesse ponto do processo, saiu de cena a equipe de pesquisa e entrou a de gestores profissionais contratada pela socialite, que tinha informações para elaborar diferentes alternativas de planos de negócios, bem como para negociar parcerias e dimensionar investimentos para as diversas alternativas que se desenharam à sua frente.

Portanto, antes de decidir fazer uma pesquisa, é necessário ter respostas claras, objetivas e positivas para um conjunto de perguntas, que resumidamente enumeramos na figura 9.

Figura 9
QUESTIONAMENTOS CONDICIONANTES PARA A REALIZAÇÃO DA PESQUISA

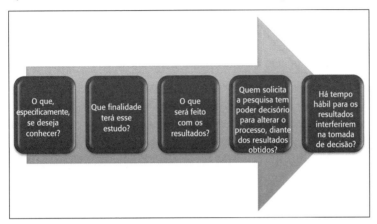

Se não houver resposta positiva para todas as questões levantadas na figura 9, a melhor opção é rever a decisão de realizar a pesquisa, pelo menos nas bases em que foi pensada inicialmente. Só se a resposta for positiva é possível seguir adiante. Pode-se perceber, assim, que a definição dos objetivos é fator determinante na viabilidade da pesquisa, e que, por isso, não pode ser negligenciada jamais.

Para chegar a essas respostas, será necessário conhecer um pouco mais a aplicabilidade das pesquisas.

Formas de aplicação

Pesquisas de mercado podem ser utilizadas para levantamento de informações em praticamente todas as áreas do marketing; no entanto, a aplicabilidade das pesquisas se mostra mais presente na definição de elementos ligados ao comportamento do consumidor e aos quatro Ps do marketing, ou seja, quatro grandes conjuntos de elementos: produto, preço, praça (distribuição) e promoção (comunicação). Como exemplos de pesquisas sobre produtos e serviços estão aquelas que buscam verificar a força de uma determinada marca no mercado, a mais lembrada dentro de um segmento (*top of mind*), e teste de novos produtos, no que tange a embalagem, cor, sabor, aroma ou formato, além de uma infinidade de outros usos.

Também nas estratégias de divulgação, especialmente na propaganda, as pesquisas têm uma utilidade inestimável. É aconselhável, por exemplo, pré-testar as campanhas publicitárias para que a empresa não corra o risco de gastar fortunas em um comercial premiado, alvo de comentário generalizado, que, no entanto, não tem o poder de associar o produto à sua marca.

Em relação especificamente à propaganda, é imprescindível que a pesquisa consiga avaliar tanto o nível de *recall*, capacidade de lembrança do comercial pelo consumidor, associando-o à marca correta, quanto o poder de persuasão de compra do produto gerado por ele.

Da mesma forma, as pesquisas têm grande utilidade na elucidação de métodos e na definição de pontos de venda, ou seja, na escolha de quais os melhores pontos de venda dentro de uma mesma cadeia; se uma loja em shopping é mais eficiente do que outra, na rua; se em um bairro X as possibilidades de vendas são maiores do que no Y; se o lado esquerdo da rua oferece melhores chances de negócio do que o direito; se a abertura de uma nova loja não deve ser substituída pelo investimento numa loja virtual. Evita-se, assim, que sejam empreendidos esforços que não derivem em retorno. Todas essas aplicações estão sintetizadas no quadro 7.

Quadro 7
APLICABILIDADE DAS PESQUISAS

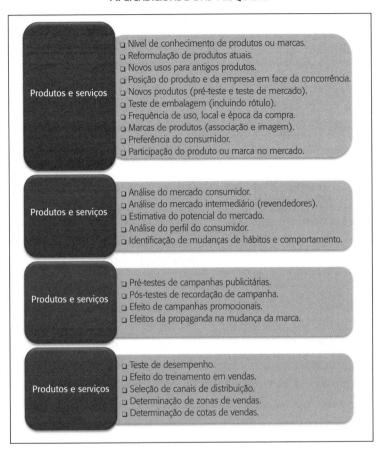

Como podemos depreender, a aplicabilidade das pesquisas de mercado é vasta no cotidiano das empresas. Não há negócio que, dentro do mundo globalizado, possa prescindir das informações advindas de pesquisas bem planejadas. A questão que se apresenta, portanto, é a escolha da pesquisa adequada a cada uma das situações enunciadas.

Tipos de pesquisa

Podem-se classificar as pesquisas quanto a seu escopo (figura 10), isto é, quanto ao tipo e à finalidade do estudo, ou quanto à metodologia que utilizam (figura 11).

Figura 10
CLASSIFICAÇÃO DAS PESQUISAS QUANTO AO ESCOPO

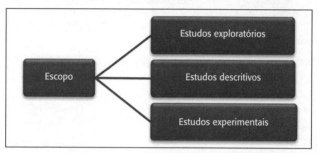

Os estudos exploratórios destinam-se a compreender o comportamento e as atitudes dos consumidores. Segundo Aaker e colaboradores (2001:94), "a pesquisa exploratória é usada quando se busca um entendimento sobre a natureza geral de um problema, as possíveis hipóteses alternativas e as variáveis relevantes que precisam ser consideradas". A pesquisa exploratória colabora na definição do problema de pesquisa, ajuda a definir o foco e as prioridades de estudo, e visa compreender o comportamento e as atitudes dos consumidores, explorando as possíveis relações de consumo existentes entre empresas e consumidores ou clientes, servindo para levantar hipóteses e descobrir características desconhecidas sobre assuntos nos quais uma empresa não possui conhecimento ou domínio.

Já os estudos descritivos, por sua vez, são amplamente utilizados em marketing. Eles têm por objetivo descrever uma determinada realidade de mercado, dimensionando variáveis, como a mensuração do grau de satisfação de clientes de TVs a cabo, a descrição dos hábitos de compra de leitores de revistas semanais, a identificação das principais características econômicas e demográficas de consumidores de refrigerantes, e o mapeamento do potencial de mercado para o lançamento de um novo empreendimento imobiliário. Seu objetivo é obter um "retrato" de características presentes em um determinado mercado.

Por fim, os estudos experimentais envolvem a degustação, o uso ou a experimentação do produto por parte do entrevistado. São muito usados para teste de aceitação de novos produtos e embalagens, ou modificações implementadas em fórmulas de produtos existentes, por exemplo. A pesquisa experimental visa medir relações de causa e efeito entre variáveis conhecidas, ou seja, se uma mudança em uma variável causa uma variação observável em outra. Argumentam McDaniel e Gates (2003:234) que:

> O pesquisador muda ou manipula algo, chamado de variável exploratória, independente ou experimental, para observar que efeito essa mudança tem sobre uma outra coisa, chamada de variável dependente. Em experimentos de marketing, a variável dependente é frequentemente alguma medida de vendas, como vendas totais ou fatia de mercado, e as variáveis exploratórias ou experimentais têm a ver com o *mix* de marketing, como preço, quantidade ou tipo de propaganda ou mudanças nas características dos produtos.

Muitas vezes, a demonstração de causalidade entre variáveis demanda uma abordagem bastante complexa, o que compromete investimentos de marketing com resultados duvidosos, pois nem sempre a causalidade é comprovada, visto que a operacionalização de uma pesquisa experimental não é simples. Na verdade, toda a potencialidade teórica das técnicas da pesquisa experimental, fora os exemplos citados, não é muito empregada pelos profissionais de marketing.

As pesquisas também podem ser classificadas quanto à metodologia, conforme ilustra a figura 11.

Figura 11
CLASSIFICAÇÃO DAS PESQUISAS QUANTO À METODOLOGIA

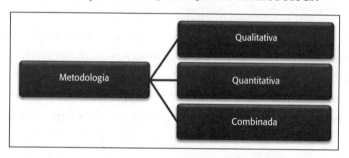

Os estudos qualitativos são pesquisas não estatísticas, que permitem aprofundar razões, motivações, aceitações e rejeições de um determinado grupo de indivíduos em relação a um problema específico. Os estudos quantitativos são pesquisas estatísticas que se destinam a descrever características de uma determinada situação. Visam medir numericamente as hipóteses levantadas sobre o problema estudado. Já os estudos combinados são os que, normalmente, partem de uma pesquisa qualitativa, à qual se acrescenta uma etapa quantitativa, ou, menos frequentemente, vice-versa.

Em pesquisas descritivas e experimentais, geralmente são utilizadas metodologias quantitativas, que envolvem amostras constituídas por grandes quantidades de indivíduos. Há exceções, como testes de embalagem, que são estudos experimentais realizados com técnicas qualitativas, pois há necessidade de verificar a carga emocional embutida na reação do entrevistado.

As pesquisas exploratórias, por sua vez, geralmente utilizam metodologias qualitativas, com pequenas amostras que permitem tratar em profundidade as impressões do entrevistado.

Os estudos combinados se justificam quando não há informações anteriores acerca de um determinado problema, de modo que há necessidade de, em princípio, estabelecer, com um estudo qualitativo, que parâmetros devem ser utilizados para, posteriormente, quantificá-los. O contrário pode acontecer quando, eventualmente, em um processo quantitativo, se percebe a existência de um determinado problema localizado em alguma parte do estudo, para cuja compreensão há necessidade de um aprofundamento maior. Nesses casos, o estudo qualitativo é posterior ao quantitativo.

Planejamento

Um bom planejamento é o elemento-chave para que a pesquisa de mercado possa ser bem-sucedida. É possível que, mesmo assim, haja problemas; mas não há possibilidade de sucesso caso haja um planejamento displicente ou inadequado às necessidades e possibilidades da empresa.

A decisão de realizar a pesquisa a partir da definição dos objetivos deve ser sedimentada por meio de um planejamento inicial, a partir do qual será gerado um documento, denominado *briefing*, que será utilizado para solicitar formalmente a pesquisa a quem vai executá-la. A figura 12 ilustra esse processo.

O *planejamento inicial* é uma etapa fundamental na realização do estudo. Ele deve contemplar o maior número possível de informações já disponíveis, de modo a dar a melhor sustentação ao trabalho que será realizado.

Figura 12
ETAPAS DO PLANEJAMENTO INICIAL, DESEMBOCANDO NO *BRIEFING*

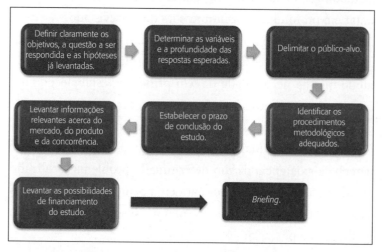

Para compor esse *planejamento inicial*, será necessário partir da definição muito clara dos objetivos principal e específicos da pesquisa, focalizando a questão crucial a ser respondida; uma questão apenas, que sintetize o problema de pesquisa. Esse movimento deve ser acompanhado do registro de todas as hipóteses de resposta que já tenham sido levantadas. A seguir, descreve-se o processo de delimitação das variáveis a serem investigadas, bem como a delimitação do nível de profundidade que se espera obter, tendo claro que, quanto maior a profundidade almejada, mais dispendioso será o estudo.

O próximo passo é a delimitação do público-alvo, elemento que vai determinar a quem a pesquisa deverá se dirigir. Só então será possível levantar que tipo de estudo, em termos metodológicos, será realizado. O tempo de que se dispõe para realizar o trabalho é um dos fatores determinantes da escolha metodológica, visto que, por mais eficaz que seja determinada metodologia, o resultado que produzirá será nulo se não puder chegar a tempo de subsidiar a tomada de decisão. O próximo passo é levantar todas as informações relevantes no que se refere a tudo o que cerca o estudo: o mercado, o produto em si e a concorrência. Esses elementos ajudarão na montagem de um instrumento adequado aos objetivos a que o estudo busca atender. Por fim, será necessário definir a disponibilidade financeira para a realização da pesquisa.

De posse desse planejamento, é possível compor, finalmente, o *briefing*, um documento formal, gerado pelo solicitante da pesquisa, para estabelecer os parâmetros que ajudarão um fornecedor externo de pesquisa (ou a própria empresa, no papel de fornecedor interno) a formatar uma proposta de trabalho adequada às necessidades da investigação mercadológica. Um *briefing* benfeito reúne os elementos presentes na figura 13 e aumenta as chances de que as informações resultantes da pesquisa sejam capazes de atender às expectativas do solicitante.

Figura 13
ELEMENTOS CONSTITUTIVOS DO *BRIEFING*

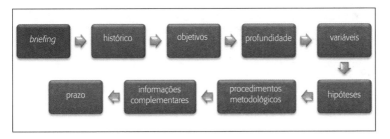

Nesse documento, o solicitante deixa claro tudo o que necessita que seja respondido pela pesquisa, oferecendo, para tanto, as informações necessárias à montagem do estudo, como indica a figura 13: um breve histórico do problema; os objetivos explicitados de forma muito clara, com destaque para o que se deseja, de forma mais proeminente, compreender; o nível de profundidade esperado nas respostas obtidas, as variáveis a serem consideradas, as hipóteses já levantadas; os procedimentos metodológicos passíveis de serem utilizados e demais informações sobre o produto, o mercado e a concorrência. Verba disponível e prazo de entrega concluem o documento.

Por meio desse documento, os responsáveis pela execução da pesquisa poderão construir um instrumento de coleta de dados adequado, bem como realizar um planejamento de execução realista, de modo a avaliar adequadamente os custos envolvidos para atender às expectativas do solicitante.

A resposta ao *briefing* será dada em um novo documento, que deverá conter, pelo menos, informações relativas à população, à metodologia, ao prazo e ao custo, como apresentado na figura 14.

Figura 14
ELEMENTOS CONSTITUTIVOS DA RESPOSTA AO *BRIEFING*

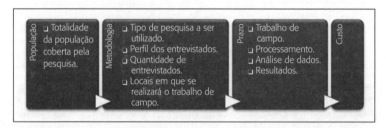

O quadro 8 apresenta um modelo de *briefing* de pesquisa gerado para uma rede hipotética de supermercados.

Quadro 8
EXEMPLO DE *BRIEFING* APLICADO PARA UMA REDE DE SUPERMERCADOS

Nome do projeto: Avaliação de preço do Supermercado Ofertão ___/___/___
1. Histórico
A bandeira Ofertão realizou a pesquisa de percepção de preço com seus consumidores, para definir ações táticas e operacionais que são realizadas nas lojas. Porém, o processo de pesquisa precisa ganhar mais precisão e agilidade, contando com uma coleta de dados automatizada, eliminan-

continua

do, assim, os questionários em papel. Para isso, há a necessidade de se contratar um instituto para fazer a pesquisa periodicamente nas lojas do Ofertão com dispositivos *palm* para a captação dos dados.

2. Problema e objetivos de pesquisa
Problema: qual é a avaliação de preço que os consumidores fazem das lojas Ofertão?
Objetivo primário: avaliar a percepção de preço de cada loja Ofertão.
Objetivos secundários:
— identificar as seções do supermercado mais caras e mais baratas para o consumidor;
— identificar os supermercados concorrentes frequentados pelo consumidor;
— identificar a origem do cliente (CEP).

3. Metodologia/tipo de pesquisa
Metodologia: pesquisa quantitativa com coleta de dados via *palm*. Entrevistas pessoais nos supermercados da rede.
Tipo de pesquisa: descritiva.

4. Público-alvo da pesquisa
Público-alvo: homens e mulheres, das classes B e C, 18 a 55 anos, decisores de compra em supermercados.

5. Amostragem
Cem entrevistas para cada uma das 20 lojas Ofertão, totalizando uma amostra de 2 mil entrevistas.

6. Padrão de ação
Com os resultados do estudo, serão tomadas ações táticas com o objetivo de melhorar a percepção de preços da loja e monitorar os preços dos concorrentes com maior citação.

7. Prazos
Recebimento da proposta: ___/___/___
Aprovação da proposta: ___/___/___
Trabalho de campo: ___/___/___
Apresentação dos resultados: ___/___/___

Formas de execução

As pesquisas de mercado podem ser realizadas interna ou externamente, pela própria empresa ou por institutos de pesquisa. Cada uma das duas configurações tem vantagens e desvantagens, sendo ainda possível engendrar combinações.

❏ Pela própria empresa — é recomendável quando a empresa dispõe de um departamento específico de pesquisa e análise de mercado, podendo ela mesma planejar e desenvolver seus próprios estudos. Também se recomenda o esforço interno quando o problema de pesquisa é próximo do corriqueiro, o risco é baixo, e a própria empresa pode dar conta dele com a "prata da casa".

❑ Compra de institutos — mesmo quando a empresa possui um departamento específico, pode se servir de empresas especializadas em realizar pesquisas, conhecidas como agências ou institutos de pesquisa. Nesse caso, especialmente diante de situações complexas e de risco elevado, é indispensável que a empresa monitore os estudos realizados. Essa prática permite que se obtenha a melhor *expertise* de mercado, com um baixo custo fixo.

Se a decisão for a de comprar a pesquisa, a concorrência deve ser feita a partir do *briefing*, que deve ser enviado a vários institutos, preferencialmente conhecidos, com boas referências no mercado. A escolha de um fornecedor externo de pesquisa precisa basear-se em informações consistentes. A opção deve considerar a qualificação técnica do fornecedor em face da necessidade de informação desejada, mas também precisa levar em conta uma série de outros fatores.

Ao estabelecer critérios para selecionar um fornecedor externo, a empresa deve ter em mente itens básicos, que envolvem a reputação do fornecedor no mercado, a capacidade de concluir seus projetos no prazo, o respeito a padrões éticos, a flexibilidade, a qualidade do material entregue, a experiência acumulada, principalmente em projetos semelhantes, bem como a capacidade e a qualificação de seu corpo técnico (Malhotra, 2001).

Há pesquisas que demandam maior flexibilidade e criatividade, como o caso das exploratórias e qualitativas, e outras, que exigem um maior rigor técnico e estatístico, como é o caso das pesquisas descritivas. Dependendo da pesquisa, há institutos mais preparados para atender a uma ou a outra demanda, em função de sua maior especialização. Alguns temas objeto de especialidade em pesquisa são: opinião pública, preços e elasticidade de preços, painéis para o setor varejista, *business to business* (B2B), entre outros. Há inúmeros bons fornecedores no mercado.

Dessa forma, quando surgir a necessidade de se contratar um fornecedor externo, algumas práticas ainda funcionam bem: escolher os institutos que participarão da concorrência, levando em consideração as respectivas carteiras de clientes e casos atendidos, pedir indicações para conhecidos ou especialistas no assunto, consultar a Associação Brasileira de Empresas de Pesquisa (Abep).

A comparação das respostas dos institutos deve obedecer a critérios (quadro 9).

Quadro 9
CRITÉRIOS PARA A COMPRA DE PESQUISAS

Interpretação do *briefing*	Verifique se o instituto compreendeu exatamente o que você precisa saber, se considerou os aspectos mais importantes, e se demonstra ser capaz de dar as respostas de que você necessita.
Adequação da proposta	Verifique se a proposta é compatível (metodologia, amostragem e prazos) com o que foi solicitado, bem como se a quantidade e a distribuição geográfica e segmentária dos respondentes é satisfatória; verifique se o prazo está dentro do que foi solicitado. A adequação da proposta deve ser o fator preponderante na escolha do fornecedor.
Perfil do instituto	Verifique a capacitação do profissional responsável e evite contratar um fornecedor que esteja prestando serviço a um concorrente seu, especialmente se o estudo for classificado como estratégico.
Preço e condições de pagamento	Verifique se o preço é compatível com o trabalho a ser realizado. Para trabalhos grandes, vincule o pagamento ao cumprimento das etapas e, principalmente, desconfie de orçamentos excessivamente baixos.

Para que, durante o percurso, não haja problemas que contaminem o estudo, após a contratação do fornecedor, é necessário ter cuidados adicionais, apontados no quadro 10.

Quadro 10
CUIDADOS ADICIONAIS NA COMPRA DE PESQUISAS

Exija a verificação no cadastro CRQ
Se o estudo for qualitativo, a verificação no Cadastro Nacional de Respondentes de Qualitativas (CRQ), fornecido pela Associação Brasileira das Empresas de Pesquisa (Abep), pretende garantir que respondentes assíduos não sejam recrutados para os grupos, evitando a geração de informações viciadas.

Acompanhe a definição do questionário e seu pré-teste
Ninguém melhor do que o solicitante para avaliar se um determinado questionário é capaz de permitir que os objetivos da pesquisa sejam alcançados.

Verifique a qualidade do trabalho de campo
É praxe o acompanhamento de algumas entrevistas no campo, mesmo em caso de pesquisas quantitativas. Ainda é melhor do que ter o dissabor de duvidar dos resultados, depois que chegarem os relatórios.

Verifique o processamento e a validação dos dados
Muitas vezes, falhas no processamento podem levar a conclusões totalmente equivocadas.

Rompa o contrato em caso de fraude
Lembre-se de que uma pesquisa malfeita não traz qualquer informação. Portanto, é melhor não insistir se não houver confiança no fornecedor.

Exija o cumprimento do código de ética da Associação Brasileira das Empresas de Pesquisa (Abep).

Questões que frequentemente se impõem no momento de realização da pesquisa são: quanto podemos pagar por isso? Será que vale a pena mesmo? E se tomarmos as decisões sem fazer pesquisa, o que pode ocorrer? A análise da relação entre o custo e o benefício de realizar uma pesquisa formal, tanto com recursos internos como contratando terceiros, faz parte do dia a dia de qualquer profissional que se preocupe com os resultados de sua gestão.

Na verdade, não existe um único caminho de decisão, dependendo bastante do contexto e da afeição (ou da aversão)

pelo risco característica do tomador de decisão. Tomemos um exemplo: um jovem professor de educação física sem muitos recursos próprios, de família conservadora, que acabou de herdar R$ 600 mil, com os quais deseja conquistar seu grande sonho, que é abrir sua própria academia de natação, investiria 5% desse valor em uma pesquisa de mercado para avaliar se vale a pena seguir adiante com o projeto? Se supormos que ele encara o dinheiro da herança como o único caminho para sua independência financeira e para sua realização profissional, imaginando que ele tem clareza sobre os benefícios potenciais de uma pesquisa benfeita, e considerando ainda que a região onde ele pretende abrir a tal academia já abriga concorrentes bem preparados, é provável que ele decida realizar o investimento em pesquisa. Por mais que R$ 30 mil (5% do capital disponível) possa parecer muito dinheiro para esse jovem empreendedor gastar com pesquisa, seguir adiante sem a informação trazida pelo estudo pode significar a perda de todo o restante em uma iniciativa malsucedida.

Por outro lado, se não houvesse concorrência local, se as evidências de mercado potencial para aulas de natação fossem gritantes, e se o jovem professor de educação física dispusesse de recursos da ordem de milhões de reais, é bem possível que ele não empregasse R$ 30 mil para saber se valeria a pena investir 20 vezes essa soma em uma academia de natação. Com tantos indícios positivos e com uma impressão de risco mais atenuada, a contratação de um instituto de pesquisa pareceria menos imprescindível.

Esse caso da academia de natação nos leva a concluir que, na hora de decidir se realiza ou não o investimento em pesquisa, o empresário ou o executivo tomador de decisão acaba comparando o custo da pesquisa com o custo do erro. Por exemplo, em uma situação extrema, será que vale a pena gastar R$ 1 milhão para decidir se encaramos ou não um projeto que envolve apenas R$ 2 milhões em investimentos? Provavelmente a resposta será negativa. Agora, e se estivermos falando de empregar R$ 50 mil em pesquisa para decidir se investimos ou não R$ 5 milhões em um novo negócio?

Um dos grandes desafios dos profissionais de pesquisa de mercado é justamente conduzir seus *prospects* pelo processo decisório de contratar ou não serviços de pesquisa, dependendo das circunstâncias, do volume de incertezas e do risco potencial das decisões que eles têm pela frente. Muitas vezes, na interação com um profissional de pesquisa, o contratante pode acabar concluindo que consegue resolver suas incertezas sozinho ou articulando recursos internos, e, de fato, esse pode ser o melhor caminho em uma boa proporção das situações. Um fator que complica a compra de serviços de pesquisa é seu caráter intangível e imaterial. Serviços de pesquisa são muito menos palpáveis e menos concretos do que prédios, estoques, equipamentos e outros componentes que enchem os olhos e consomem investimentos dos empreendedores e gestores de um modo geral. Dessa forma, faz parte do que se espera de um bom profissional vendedor de pesquisa a capacidade de esclarecer o papel que seu trabalho tem como uma espécie de farol que reduz os riscos de insucesso do contratante da pesquisa.

Este capítulo detalhou os aspectos gerais da atividade de pesquisa de mercado, caracterizando as formas de aplicação e os três tipos de pesquisa existentes, a exploratória, a descritiva e a experimental. Também descreveu os aspectos fundamentais do planejamento da pesquisa de mercado, detalhando as principais formas de execução e discutindo o papel da pesquisa de mercado como redutora de riscos.

O capítulo 3 trata especificamente das etapas de planejamento e coleta de dados na pesquisa quantitativa, apresentando temas como os diferentes métodos disponíveis, a elaboração e o pré-teste de questionários, os procedimentos de amostragem probabilística e não probabilística, a abordagem disfarçada, os tipos de perguntas e o trabalho de campo.

3

Pesquisa quantitativa—planejamento e coleta de dados

A pesquisa quantitativa é um estudo estatístico que se destina a descrever as características de uma determinada situação mercadológica, medindo numericamente, por meio de uma amostra representativa da população estudada, as hipóteses levantadas a respeito de um problema de pesquisa. Neste capítulo, vamos abordar as características da pesquisa quantitativa, o conceito de amostragem, os procedimentos de amostragem probabilística e não probabilística, coleta de dados em pesquisa quantitativa, abordagem disfarçada na pesquisa quantitativa, elaboração de questionários, tipos de perguntas e pré-testes.

Características da pesquisa quantitativa

A pesquisa quantitativa permite o levantamento de um grande volume de dados. A análise dos dados é baseada em estatísticas, como frequências, percentuais, médias, medianas e desvio-padrão, sendo as constatações desse tipo de pesquisa usadas como instrumental para a tomada de decisão.

Muitas vezes, a pesquisa quantitativa testa as hipóteses levantadas em um estudo de caráter qualitativo. Esse tipo de pesquisa é adequado para a mensuração das características de um determinado mercado ou público-alvo, quando se deseja avaliar questões relacionadas ao *mix* de marketing (produto, preço, distribuição e comunicação), e também como subsídio para a definição do tamanho e do potencial de um mercado-alvo.

Para que a fotografia revelada na pesquisa quantitativa tenha foco e coloração adequados, tornam-se necessários alguns cuidados. É fundamental a realização de cálculo amostral com base em técnicas estatísticas rigorosas, bem como apuro na análise, especialmente no cruzamento das respostas. Não se pode prescindir, igualmente, do filtro de respondentes, isto é, o trabalho de campo precisa filtrar quem vai responder à pesquisa, de modo a assegurar que só serão ouvidas pessoas dentro do perfil desejado, para que haja uma fidelidade absoluta ao que foi definido na amostra.

Em função de tais características, pesquisas quantitativas têm uma estrutura rígida e única, e podem ser repetidas várias vezes, podendo gerar séries históricas que norteiam os negócios e apontam caminhos para o crescimento das empresas.

Como exemplo, vamos apresentar uma situação em que deve ser realizada uma pesquisa quantitativa. A empresa X monitora, frequentemente, o nível de satisfação de seus clientes, o qual tem se mostrado, no caso de seus televisores, sempre bastante positivo. No entanto, por mais que invista em publicidade, o patamar de consumo de seus produtos não ultrapassa 8% do mercado. Algumas hipóteses são levantadas para justificar o fato: as promoções da concorrência são mais atrativas; as campanhas publicitárias da concorrência são mais eficientes; ou o posicionamento de preços de seus produtos está elevado em relação à concorrência.

Trata-se de um caso típico de pesquisa quantitativa, com o objetivo de verificar qual das hipóteses se configura como a responsável pela impossibilidade de ganho de mercado da empresa, apontando, ainda, qual a melhor solução para inverter o problema. É possível perceber que as pesquisas quantitativas podem ser eventuais, como no exemplo que acabamos de ver, ou repetidas, em intervalos regulares, ao longo do tempo, para montagem de séries históricas. O primeiro tipo chama-se pesquisa *ad hoc*, e o segundo recebe o nome de pesquisa contínua.

A expressão *ad hoc* tem origem latina e significa "sob medida" ou "de acordo com o caso". A pesquisa *ad hoc*, realizada uma única vez para atender ao objetivo específico de uma situação pontual, normalmente é feita para uma só categoria de produto e um só cliente. São aplicáveis a quase todos os casos, mas apresentam como dificuldade o fato de que não há nenhum parâmetro de comparação a que seus resultados possam ser submetidos para checagem do que foi encontrado. Por isso, as pesquisas *ad hoc* precisam ter uma amostra muito bem desenhada.

A pesquisa contínua, por sua vez, precisa estar revestida de outros cuidados, para que a montagem da série histórica possa estar assegurada. Ela deve ser realizada em intervalos regulares, com uma amostra fixa.

Nesse caso, encontram-se pesquisas de força de marca, realizadas por grandes empresas em intervalos anuais, além de dois outros tipos de pesquisa periódicas, chamadas de painel de consumo e auditoria de estoques, a última visando à análise da participação de mercado.

O painel de consumo consiste em verificar o padrão de consumo de um grupo de residências, por meio das embalagens de produtos usados durante determinado período. Por meio delas é possível conhecer a cesta de produtos consumidos por famílias de determinada faixa de renda, bem como a repetição e compra, possibilitando analisar seus hábitos de consumo domiciliar. O Grupo Ibope realiza vários painéis de consumo por categoria de produto: o Beauty Panel, para produtos de maquilagem, cremes, loções e colônias; o Fashion Panel, para calças, roupas íntimas e meias; e o Impulse Panel, para produtos como chocolates, sorvetes e refrigerantes.

Em virtude das novas técnicas de Consumer Relationship Management (CRM), ou seja, acompanhamento dos hábitos de compra de diferentes perfis de clientes, os painéis de consumo devem ter, nos próximos anos, sua utilização paulatinamente reduzida, pois, no caso de supermercados, por exemplo, já é possível identificar a cesta de produtos consumidos pelos clientes que compram pela internet ou que utilizam seus cartões de fidelidade.

A auditoria de estoques procura detectar tendências e oportunidades para um conjunto de produtos e clientes. Essa pesquisa consiste em verificar, em todos os pontos de venda de uma determinada região, para um conjunto de produtos (normalmente produtos de limpeza, higiene pessoal e alimentos), a quantidade de itens vendidos em um período de habitualmente um mês. Trata-se de um tipo de pesquisa extremamente dispendioso e que, por isso, muitas vezes é compartilhada entre vários concorrentes, de modo que todos recebem, ao final do trabalho, sua participação de mercado para vários produtos. Por meio desse tipo de pesquisa é possível analisar tendências de participação de mercado, estratégias de estoques, abastecimentos e preços por canal de distribuição. O instituto de pesquisa AC Nielsen é referência no mercado brasileiro e internacional quando o assunto é auditoria de estoques.

Amostragem

O primeiro passo na definição da amostragem é a delimitação do universo a ser pesquisado. Universo é qualquer conjunto de indivíduos, todos apresentando uma característica comum, mesmo que esse conjunto seja muito grande e, como dizemos, tenda ao infinito.

Observa-se que a palavra "indivíduos" aqui empregada tem um sentido mais amplo do que o comum. Significa não só pessoas, pode ser um prédio ou uma cidade. A unidade amostral é a identificação precisa dos indivíduos específicos que serão ouvidos dentro do universo: donas de casa, homens com mais de 18 anos, pessoas do bairro X ou da cidade Y.

Qualquer conjunto constituído exclusivamente por indivíduos dessa população é chamado de amostra. Em qualquer universo, portanto, há um número infinito de amostras possíveis. Para as pesquisas quantitativas, há que se estabelecer qual, entre todas as amostras possíveis, é a capaz de ser representativa do todo, utilizando o menor número de indivíduos e com a maior precisão possível.

A amostra de uma pesquisa quantitativa é, portanto, uma parcela determinada do universo, que preserva suas características e permite que este universo seja estudado com precisão, baixo custo e rapidez. Além disso, é importante mapear o perfil socioeconômico e demográfico dos entrevistados. Essa informação é de fundamental importância tanto no planejamento da amostra quanto na seleção dos entrevistadores, visto que, para facilitar o trabalho de campo, será importante buscar profissionais que tenham o mesmo registro de linguagem dos entrevistados e, se possível, perfil sociocultural semelhante ao dos que devem entrevistar.

Portanto, a amostragem é um processo predefinido de seleção de uma amostra, preservando certas características ou propriedades do universo, para que esse conjunto maior possa ser descrito, estudado ou estimado por intermédio dessa pequena parcela. As vantagens de utilizar a amostragem estão apontadas na figura 15.

Figura 15
VANTAGEM DO USO DE AMOSTRAS

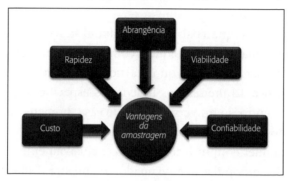

Quando comparamos as condições de produção de dados para toda a população com o uso do censo, que entrevista 100% dos elementos amostrais, ou de uma técnica amostral, percebe-se, de imediato, que as vantagens são proporcionais à redução do trabalho. Assim, o que se ganha com a redução de custo e de tempo permite que os estudos se ampliem, em termos da quantidade de características e aspectos a serem pesquisados, o que acaba por oferecer um desenho melhor da população. Por outro lado, por vezes esse é o único método que pode ser utilizado, a exemplo do que ocorre quando se destrói uma amostra do produto para que se conheçam suas qualidades. Finalmente, quando a amostra é bem modelada, tem-se a garantia de que o resultado é fidedigno e que corresponde à realidade para a totalidade da população. As distorções inevitáveis quando se trabalha com a vastidão de um censo, por exemplo, não poderiam assegurar essa confiabilidade.

A definição de amostras envolve a escolha do procedimento de amostragem. Segundo McDaniel e Gates (2003:370), "essa seleção depende dos objetivos do estudo, dos recursos financeiros disponíveis, das limitações de tempo e da natureza do problema que está sendo investigado". Os principais métodos de amostragem podem ser classificados de duas formas: amostragem probabilística e amostragem não probabilística.

A amostragem probabilística é um método de seleção no qual cada unidade amostral na população tem uma probabilidade conhecida, e diferente de zero, de pertencer à amostra. Na amostragem não probabilística, a probabilidade de seleção de cada amostra da população é desconhecida para umas ou para todas as unidades da população, podendo algumas unidades ter probabilidade nula de seleção.

A exatidão estatística dos resultados de um levantamento de dados depende de quantas pessoas serão entrevistadas, ou seja, do tamanho da amostra. Quanto maior a amostra, menor a probabilidade de erro, e quanto menor a amostra, maior a probabilidade de erro. Em outras palavras, a margem de erro aumenta à proporção que o tamanho da amostra diminui.

As necessidades de exatidão devem ser estabelecidas logo no planejamento do estudo, em função da importância que ele tem para a empresa, isto é, em função do risco envolvido na decisão a ser tomada. Isso determinará a margem de erro tolerável e, portanto, o menor tamanho de amostra que poderá ser utilizado.

Estabelecer as necessidades estatísticas de exatidão é semelhante a apostar em probabilidades. Você pode afirmar que as probabilidades são de que os resultados do estudo serão exatos, isto é, representarão o universo ou o todo do qual a amostra foi retirada, dentro de limites estabelecidos, tais como 2%, 3% ou 5%. Em termos estatísticos ideais, as margens de erro não devem ultrapassar 5%. No entanto, tratando-se de pesquisa de mercado, esses níveis nem sempre podem ser atingidos, em função de orçamento disponível e de prazos. Ainda assim, deve-se procurar a todo custo trabalhar com margens de erro inferiores a 10%, a não ser que o tipo de estudo justifique decisão em contrário.

Como na maioria dos casos em pesquisa de mercado, nos encontramos diante de populações muito numerosas, tendendo para o infinito; ou seja, acima de 100 mil pessoas, os estatísticos desenvolveram tabelas-base, que se prestam ao uso com grandes populações, para que se possa verificar o tamanho da amostra em relação à margem de erro. Com o objetivo de facilitar os cálculos relativos a tamanhos de amostras probabilísticas, os estatísticos produziram também tabelas básicas que associam tamanhos de amostra à obtenção de resultados com uma determinada exatidão.

A tabela 1[1] é um exemplo. Nela são estabelecidos diferentes tamanhos de amostra, em quatro faixas, de 100 a 1.000 pessoas, associando, para cada tamanho de amostra, uma margem de erro diferente.

Tabela 1

TAMANHO DE AMOSTRA × MARGEM DE ERRO

Tamanho de amostra	Margem de erro
100	10%
300	6%
400	5%
1.000	3%

Além da margem de erro, outro conceito importante para o cálculo de amostras é o chamado intervalo de confiança, nível de confiança ou índice de confiança, que mostra quanto é possível confiar nos resultados. Em metodologia de pesquisa, há parâmetros de confiança já clássicos, utilizados com maior

---

[1] Nesta tabela, definiu-se, *a priori*, que a probabilidade de sucesso, ou seja, de encontrarmos uma pessoa dentro do perfil que precisamos, é de 50%, com intervalo de confiança de 95%.

frequência: 68%, 95%, 95,5%, 99% e 99,7%. A escolha do intervalo de confiança para uma pesquisa depende do tipo de estudo que se está executando e do ramo científico no qual é aplicada. Depende também do orçamento disponível, pois quanto maior o intervalo de confiança, maior a amostra necessária para chegar a ele. Amostras maiores implicam trabalhos de campo mais vastos e mais caros. Se for uma pesquisa da área de ciências sociais, cujo único objetivo é descobrir uma tendência de cunho acadêmico, é factível utilizar um índice de confiança de 68%. Se for uma pesquisa de cunho mercadológico, o aceitável é 95%. A grande maioria das pesquisas de marketing faz uso de intervalos de confiança de 95%. Porém, se for uma pesquisa da área médica, o estudo deve ter obrigatoriamente um índice de confiança de 99,7%, dado o caráter sensível daquilo com o que se está lidando.

O intervalo de confiança, como o nome sugere, mostra quanto é possível confiar nos resultados. Um intervalo de confiança de 95%, por exemplo, indica que, se fossem feitas 100 pesquisas para o mesmo fim, e com a mesma metodologia, em 95 delas os resultados estariam dentro das margens de erro utilizadas, e que a tolerância seria para cinco erradas (5%).

A tabela 2 apresenta os diferentes níveis de confiança utilizados e os respectivos valores Z (número de desvios-padrão) da curva normal (ou curva de Gauss).

Tabela 2

INTERVALOS DE CONFIANÇA MAIS UTILIZADOS EM PESQUISA

Intervalo de confiança (%)	Valor de Z
68,00	1,00
95,00	1,96
95,50	2,00
99,00	2,57
99,70	3,00

Assim como a margem de erro, o intervalo de confiança também é escolhido pelo pesquisador, levando em conta fatores técnicos e orçamentários. Convém, portanto, reforçar que a escolha não depende apenas de critérios estatísticos, mas também de aspectos financeiros e gerenciais. Sempre se deseja escolher o maior nível de confiança combinado com a menor margem de erro, mas o custo precisa ser levado em consideração. É necessário avaliar se a relação entre precisão, nível de confiança e custo é vantajosa ou mesmo possível.

Para o cálculo do tamanho de amostras, há duas possibilidades. Na primeira, se deseja calcular amostras envolvendo médias, como consumo médio mensal de litros de leite. A segunda envolve proporções, como a porcentagem da população que tem lembrança de determinado anúncio publicitário. Para cada caso, na fórmula de cálculo empregada há ajustes relacionados, principalmente, ao conhecimento do tamanho do universo pesquisado e da variância da população. Seja para o cálculo de médias ou de proporções, os parâmetros de intervalo de confiança e margem de erro escolhidos para uma determinada pesquisa são aplicados nas fórmulas de cálculo amostral. Algumas fórmulas utilizadas para o cálculo amostral são apresentadas no quadro 11.

Quadro 11
FÓRMULAS BÁSICAS PARA O CÁLCULO DO TAMANHO DE AMOSTRAS

Legenda:
N = tamanho do universo
n = tamanho da amostra
S^2 = variância da amostra*
e = valor de tolerância em relação aos resultados da pesquisa (erro amostral)
Z = desvio-padrão relacionado ao índice de confiança

continua

Para cálculos envolvendo *estimação de médias*:

Para universos infinitos:**
$$n = (S^2 * Z^2)/(e^2)$$

Para universos finitos:***
$$n = (S^2 * Z^2 * N)/(S^2 * Z^2 + e^2 * (N - 1))$$

Obs. 1: O pesquisador determina S^2 por meio de amostra piloto ou estimativa, pois a variância não é conhecida na grande maioria das vezes.
Obs. 2: Esta é uma forma de estimar a variância de um universo sobre o qual não temos informação:
$$S^2 = ((L - l)/6)^2$$

L = Limite superior da estimativa da média
l = Limite inferior da estimativa da média
6 = É o ΔZ que dá 99,7% de confiança

Para cálculos envolvendo proporções:
$$S^2 = 0,25$$

Obs.: Como a variância não é conhecida, estima-se a maior variância possível numa proporção: 50% favorável (½) e 50% desfavorável (½) em relação ao que estiver sendo analisado. Logo, ½ × ½ = 0,25.

Para universos infinitos:
$$n = (0,25 * Z^2)/(e^2)$$

Para universos finitos:
$$n = (0,25 * Z^2 * N)/(0,25 * Z^2 + e^2 * (N - 1))$$

* Variância: é uma medida de dispersão, ou seja, o grau de diferença entre um indivíduo e outro em relação a sua atitude quanto ao tema de interesse. A variância baseia-se no quanto uma resposta difere da média da população (Aaker et al., 2001).
** Universos infinitos: universos muito grandes, difíceis de delimitar.
*** Universos finitos: universos geralmente menores, passíveis de delimitação.

O quadro 12 apresenta exemplos de aplicação das fórmulas de cálculo de amostras.

Quadro 12
EXEMPLOS DE APLICAÇÃO DAS FÓRMULAS DE CÁLCULOS DE TAMANHO DE AMOSTRAS

1. Em um país com cerca de 90 milhões de eleitores, deseja-se realizar uma pesquisa, aproximadamente a uma semana da eleição, para saber qual candidato tem as maiores chances de ganhar a disputa (candidato A ou candidato B). Sabe-se que o erro máximo admitido é de 2.700.000 eleitores, e o nível de confiança para os resultados é de 95%. Qual o tamanho da amostra para essa pesquisa?

Considerações iniciais:
— Pesquisa do tipo proporcional.
— Universo muito grande. Fórmula para cálculo do tipo infinito.

$n = (0,25 * Z^2)/(e^2)$

Cálculos:

e (erro) = 2.700.000/90.000.000 = 0,03 ou 3 %

para 95% de confiança – >Z = 1,96 (**vide tabela 2**). Então:

$n = (0,25*(1,96)^2)/(0,03)^2 = $ **1.068 eleitores devem ser entrevistados**

2. Numa cidade do norte do país foi realizada uma amostra piloto para saber qual era o nível de consumo de tubos de pasta de dentes por mês por família. Determinou-se a variância dessa amostra piloto: 1,56. Tal cidade possui 2 mil famílias. É aceita como erro uma tolerância de 300 tubos de pasta de dentes, e o índice de confiança de 95%. Qual o tamanho da amostra se quisermos realizar uma pesquisa para saber o potencial de mercado dessa cidade?

Considerações iniciais:
— Pesquisa do tipo estimação de médias.
— Universo pequeno. Fórmula para cálculo do tipo finito.

$n = (S^2 * Z^2 * N)/(S^2 * Z^2 + e^2 * (N - 1))$

N (tamanho do universo) = 2.000

$S^2 = 1,56$

continua

nível de confiança (95%) —> Z = 1,96

e = 300 tubos de pasta de dentes —> 300/2.000 = 0,15. Logo:

n = (1,56*1,96²*2.000)/(1,56*1,96²+0,15²* (2.000 − 1))

n = 235 a serem pesquisados

3. Um tradicional fabricante de detergente está querendo conquistar novos mercados em outras cidades. Pelos dados de pesquisas realizadas em cidades onde já atua, percebe-se que o consumo máximo por família chega a três embalagens por mês. Deseja-se determinar qual o potencial de mercado em uma nova cidade com 20 mil famílias. Para tanto, aceita-se um nível de tolerância de 3 mil embalagens, e um índice de confiança de 99,7%. Qual o tamanho da amostra para essa pesquisa?

Considerações iniciais:
— Pesquisa do tipo estimação de médias.
— Universo grande. Fórmula para cálculo do tipo infinito.

n = (S²*Z²)/(e²)

Consumo máximo = 3 embalagens/mês

S² = ((L − l)/6)²
S² = ((3 − 0)/6)²
S² = 0,25

Nível de confiança (99,7%) —> Z = 3

e = 3.000/20.000 = 0,15. Daí:

n = (0,25*3²)/(0,15)² = 2,25/0,0225

n = 100 famílias a serem pesquisadas

Procedimentos de amostragem probabilística

A amostragem probabilística é um processo de seleção no qual cada unidade amostral na população tem uma probabilidade conhecida e diferente de zero de pertencer à amostra. A amostra é estabelecida a partir de um sorteio dos elementos que pertencem ao universo, garantindo, assim, uma seleção não arbitrária e sem distorções. Esse procedimento faz com que os resultados obtidos sejam representativos da população ou universo de interesse, pois há a possibilidade de estimar a diferença entre um valor encontrado na amostra e o valor real encontrado no universo. Essa diferença entre os valores é chamada de erro amostral. Nas amostras probabilísticas, fórmulas matemáticas são usadas para calcular o tamanho da amostra. O tamanho da amostra também é função do intervalo de confiança desejado, que indica a probabilidade de a margem de erro de fato ser a que foi estabelecida. Em outras palavras, o intervalo de confiança é como se fosse o erro do erro. Se consideramos um intervalo de confiança de 95%, isso significa que, se realizarmos 100 pesquisas iguais, em 95 delas, a margem de erro seria a estabelecida, e, em cinco delas, a margem de erro seria superior à estabelecida.

Os tipos mais conhecidos de amostragem probabilística são a amostragem aleatória simples, a amostragem estratificada, a amostragem sistemática e a amostragem por conglomerado.

❑ Amostra probabilística aleatória simples — de modo geral, denomina-se amostra simples ou aleatória o conjunto de dados extraídos ao acaso de uma população finita, previamente definida, de modo que em cada extração todos os elementos tenham a mesma probabilidade de ser escolhidos. Dessa forma, todas as amostras de determinado número n de observações são igualmente possíveis.

❑ Amostra probabilística estratificada — na amostra estratificada, a população é dividida em grupos com características semelhantes, e as amostras simples são construídas a partir desses grupos. Para o uso da amostragem estratificada, costumam ser apontadas as seguintes razões: aumento da precisão da amostra pela redução da estimativa da variância da amostra; desejo de conhecer a média e a variância de subpartes da população; e, quando a estrutura é composta de partes diferentes, por conveniência de seleção, pode-se considerar cada parte como um estrato e usar amostragem estratificada. Considere a figura 16 a representação esquemática de uma população, segundo características demográficas ou comportamentais que impactam a compra de um produto estudado.

Figura 16
REPRESENTAÇÃO ESQUEMÁTICA DE UMA POPULAÇÃO

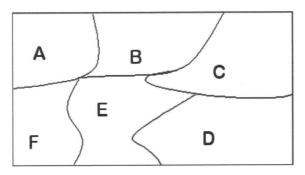

A amostragem estratificada reduz o erro na medida em que são entrevistados todos os segmentos (no caso, de A a F), evitando, assim, o risco de deixar um ou mais segmentos sem representação, o que criaria um viés e, consequentemente, uma perda de confiabilidade nos resultados. Apesar de mais eficientes, as amostras estratificadas são usadas em poucos casos, pois o tempo e os custos de estratificação nem sempre se justificam para o tipo de informação que se deseja obter.

❑ Amostra probabilística sistemática — na amostragem sistemática, os elementos da amostra são selecionados aleatoriamente, e é estabelecido um intervalo entre esses elementos. Define-se um intervalo amostral N (tamanho da população) dividido por n (tamanho da amostra). Por exemplo, para selecionar os elementos de uma amostra de 1.000, a partir de uma população de 20 mil, estabelece-se um intervalo de 20.000/1.000 = 20; escolhe-se um número aleatório de 1 a 20 e, a partir desse número, soma-se sempre 20 para se saber qual o próximo elemento da população que será selecionado.

❑ Amostra probabilística por conglomerado — na amostragem por conglomerado, em vez de elementos isolados, como na amostra estratificada, selecionam-se grupos, denominados conglomerados, como quarteirões de domicílios (para amostra de domicílios), sorteados para compor a amostra. Na amostragem por conglomerados, a população frequentemente é extensa, e a estrutura existente apresenta-se na forma de grupos. A maior razão para o uso de conglomerados é a redução de custo por entrevista. O inconveniente é um possível aumento da estimativa da variância.

Procedimentos de amostragem não probabilística

Apesar de as amostragens probabilísticas serem estatisticamente mais poderosas, pois permitem a extrapolação dos resultados da amostra para o universo, há casos em que a utilização de amostragens probabilísticas não é possível.

Imagine o caso de precisarmos entrevistar 300 empresas brasileiras revendedoras de determinado produto. Sabemos que 180 delas se recusam a responder a questionários, por motivos de sigilo estratégico. Portanto, não podemos utilizar as técnicas probabilísticas, porque as possibilidades iniciais de seleção aleatória estão comprometidas. Nesse caso, justifica-se o uso de um tipo de amostragem não probabilística.

A amostragem não probabilística adota um procedimento não aleatório de seleção de amostras, ou seja, a escolha ocorre de forma arbitrária, a partir de critérios subjetivos baseados na experiência e no julgamento do pesquisador. Segundo Malhotra (2001:306), "como não há maneira de determinar a probabilidade de escolha de qualquer elemento em particular para a inclusão na amostra, as estimativas obtidas não são estatisticamente projetáveis sobre a população". Na verdade, qualquer amostra que não seja selecionada a partir de critérios probabilísticos é considerada uma amostra não probabilística.

Os tipos de amostragem não probabilística são a amostragem por conveniência, a amostragem por julgamento e a amostragem por quota.

❑ Amostra não probabilística por conveniência — na amostragem por conveniência, considerada uma determinada população, os elementos selecionados são aqueles com os quais é mais fácil obter informações. De todos os tipos de amostragem, o critério de conveniência é o mais frágil, apesar de economizar tempo e dinheiro. As amostras por conveniência são apropriadas em uma fase exploratória, em grupos de discussão, pré-testes de questionários ou projetos piloto (Malhotra, 2001).

❑ Amostra não probabilística por julgamento — na amostragem por julgamento, há uma seleção dos membros da população que apresentam as melhores perspectivas de fornecer as informações procuradas, da maneira mais precisa possível. O pesquisador tenta extrair uma amostra representativa com base no critério de julgamento (McDaniel e Gates, 2003). Apesar disso, a amostragem por julgamento também não tem nenhuma validade estatística, pois a população não é claramente definida. Amostras por julgamento podem ser utilizadas em grupos de discussão, em testes de mercado para determinar o potencial de um novo produto, e para avaliar tendências a partir das respostas de especialistas e formadores de opinião em diferentes áreas do conhecimento. Em uma pesquisa recente, foram selecionados diferentes grupos de advogados trabalhistas, criminais e tributários que usam frequentemente a internet para avaliar o conteúdo de um novo site de informações jurídicas.

❑ Amostra não probabilística por quota — na amostragem por quota, procura-se estabelecer uma amostra que se identifique em alguns aspectos com o universo. Essa identificação pode estar ligada a características demográficas, geográficas, psicográficas e comportamentais. A quantidade a ser entrevistada é subjetiva, varia de acordo com a necessidade da pesquisa. As quotas são atribuídas de modo que a proporção dos elementos da amostra seja a mesma que a proporção de elementos da população com essas características. Isso significa dizer que a amostragem por quota preserva as mesmas características de interesse presentes na população. Entretanto, as amostras por quota não possuem validade estatística, posto que os entrevistados não são selecionados aleatoriamente, como nas amostras probabilísticas.

Coleta de dados na pesquisa quantitativa

A escolha do procedimento de coleta de dados não é aleatória. Ao contrário, precisa ser compatível com o estudo a ser realizado, considerando, inicialmente, os objetivos e a finalidade a que se propõe, além de fatores como o tempo e a verba disponíveis para a realização do estudo. Quando os objetivos permitem a utilização de dois ou três tipos diferentes de instrumento de coleta, habitualmente são os fatores prazo e custo que determinarão a escolha definitiva. Por isso, é essencial definir, *a priori*, que meio de coleta será utilizado, para que seja possível montar um instrumento compatível com suas características.

O meio utilizado na coleta de dados também tem impactos sobre o estudo, sendo responsável, muitas vezes, pelo sucesso ou não da iniciativa. O quadro 13 representa os principais meios de se coletarem dados em pesquisa de mercado.

Quadro 13

MEIOS DE COLETA DE DADOS — PESQUISA QUANTITATIVA

Coleta de dados			
Entrevistas		Autopreenchimento	
Pessoais	Por telefone	Por correio	Pela internet

Entrevistas pessoais podem ser realizadas de diferentes formas: na rua, no domicílio ou no local de trabalho, ou em locais de grande concentração de pessoas, como shoppings. Esta última se assemelha bastante à pesquisa na rua. Vejamos em maiores detalhes os dois principais tipos.

❑ Entrevista na rua ou em locais de grande concentração — é preciso que o tema da pesquisa seja direcionado à população integral, ou a segmentos específicos. Devido às características do local, geralmente entrevistado e entrevistador estão de pé e com muito movimento ao redor, por isso, os questionários não podem ser muito extensos. A representatividade da amostra com esse processo é difícil de ser medida. Assim, as instruções aos entrevistadores devem ser diretas e objetivas: entrevistar todas as quartas pessoas que atravessem a rua; mudar de calçada a cada meia hora; mudar de rua a cada duas horas; ou mudar de bairro todos os dias. Quando a pesquisa estiver direcionada a um segmento específico, tais regras precisam ser adaptadas. Assim, se desejarmos fazer uma pesquisa com donas de casa, podemos estabelecer que a coleta de informações será feita na saída dos supermercados, e, nesse caso, podemos definir: entrevistar todas as terceiras mulheres que saiam do supermercado com sacolas; mudar de supermercado a cada duas horas; mudar de bairro todos os dias.

❑ Entrevista no domicílio ou no local de trabalho — em virtude de o entrevistado estar com mais conforto e, geralmente, ter destinado algum tempo para receber o entrevistador, é o método mais apropriado para questionários com muitas perguntas, ou para aqueles em que o entrevistado precisa refletir com mais vagar para responder a perguntas como montar um *ranking* de produtos ou empresas, ou dar notas para diferentes marcas. Com essa abordagem, normalmente, conseguem-se respostas mais precisas. Em muitos casos, abordam-se pessoas em locais de grande concentração (procedimento chamado de *intercept*), pedindo a colaboração para responder a uma pesquisa, e marcando um horário e um local mais convenientes para a sua realização.

Existem duas formas de entrevistas com autopreenchimento: por correio e pela internet. Nos dois casos, um grande apelo para se recorrer à técnica do autopreenchimento é o reduzido custo na realização desse tipo de pesquisa, se comparado aos demais. Além disso, há uma conveniência maior do entrevistado, posto que ele pode responder ao questionário quando achar melhor. O uso dessa técnica, entretanto, traz sérios inconvenientes:

❑ baixa taxa de respostas, sendo em média de 3% a 5% do total dos questionários enviados. Em alguns casos, quando se conhece exatamente o perfil dos respondentes e há um cadastro abrangente desse universo, é possível aumentar a taxa de resposta, por exemplo, substituindo pessoas que não responderam por outras, enviando gentis lembretes aos potenciais respondentes, informando que sua resposta ainda está sendo aguardada e é de fundamental importância para a pesquisa. Infelizmente, são poucos os casos em que se pode utilizar essa abordagem para alavancar o índice de retorno das respostas;[2]

- incerteza se o questionário foi respondido pela pessoa correta;
- problemas com a representatividade da amostra;
- ocorrência de questionários respondidos de forma incorreta;
- necessidade de carta ou texto introdutório explicativo;
- grande tempo para a chegada das respostas, o que gera aumento na duração da pesquisa;
- em muitos casos, é necessário um estímulo, como o sorteio de algum brinde, para alavancar respostas. Essa prática, por vezes, pode aumentar ainda mais o erro, pois estimula pessoas fora do perfil desejado a responder ao questionário, com o intuito único de concorrer ao prêmio. É fácil entender que a qualidade dessas respostas não será boa.

A pesquisa por telefone só é possível se o universo a ser estudado for constituído apenas por aqueles que tenham telefone. Nesses casos, o questionário deve ser curto, e é preciso ter certeza de que se está falando com a pessoa correta. A prin-

---

[2] Quando, por exemplo, fazemos uma pesquisa com fornecedores de uma empresa, temos a possibilidade de conhecê-los, localizá-los, substituí-los, ou de buscar recuperar a resposta. Mas quando esperamos a resposta de um questionário colocado junto à embalagem de um produto, não há como saber quem é o possível respondente; portanto, se o questionário não é enviado, não há mais como recuperá-lo.

cipal vantagem da pesquisa por telefone é a rapidez na coleta de dados. Atualmente, as entrevistas telefônicas são assistidas por computador, por meio do sistema Computer Assisted Telephone Interviewing (Cati), o que agiliza ainda mais o processo de tabulação e análise dos dados. Contudo, o índice de perdas nas entrevistas por telefone também é grande, pois, geralmente, esse procedimento depende de listagens nem sempre atualizadas e qualificadas do universo a ser estudado. O telefone também é muito utilizado para a marcação de entrevistas pessoais, ou como complemento para retomar o contato com entrevistados que não responderam a alguma pergunta do questionário, especialmente aqueles enviados por mala direta.

A escolha da técnica a ser empregada, portanto, é fator determinante do sucesso do estudo; mas varia, caso a caso, de acordo com as características do processo que se deseja implementar. Na avaliação, deve-se considerar, ainda, a possibilidade de ocorrência de viés, isto é, erro em diferentes pontos do processo, para diferentes técnicas de pesquisa. É preciso, portanto, conhecer as fragilidades de cada um dos meios de coleta.

O quadro 14 mostra, de forma sintética, o grau de ocorrência de vieses em cada uma das metodologias.

A análise do quadro 14 evidencia que todas as metodologias apresentam fontes de viés. Portanto, não pode ser a existência de maior ou menor incidência de vieses o fator de escolha da metodologia a ser adotada. Tal escolha deve estar pautada nos fatores definidos no *briefing*, ou seja, tempo, custo, profundidade da pesquisa, entre outros.

O conhecimento dos aspectos capazes de gerar vieses no resultado da pesquisa é útil para que sejam tomadas medidas capazes de minimizar tais problemas, de modo a assegurar que o resultado obtido seja compatível com o estudo previamente desenhado.

Quadro 14
GRAU DE OCORRÊNCIA DE VIESES

Fontes de viés	Grau de ocorrência de vieses			
	Entrevista		Questionário autopreenchido	
	Pessoal	Por telefone	Tradicional	Pela internet
Quebra do anonimato	Alto	Médio	Baixo	Baixo
Dificuldade de entendimento de questões	Baixo	Médio	Alto	Alto
Falta de uniformidade das mensurações	Alto	Médio	Baixo	Baixo
Pré-conhecimento das questões	Baixo	Baixo	Alto	Baixo
Fraude do entrevistador	Alto	Baixo	Baixo	Baixo
Dificuldade de supervisão e controle	Alto	Médio	Baixo	Baixo
Controle sobre quem responde	Baixo	Alto	Alto	Alto
Influência do entrevistador	Alto	Alto	Baixo	Baixo
Falta de sinceridade nas respostas	Baixo	Alto	Alto	Alto

Assim, de maneira geral, a entrevista pessoal é ainda a melhor opção quando se busca profundidade; porém, é o método mais caro. A entrevista telefônica é o método mais rápido de coleta de dados, com a vantagem de ter abrangência nacional ou internacional com uma relação entre custo e benefício compensadora. O autopreenchimento é a opção mais barata, mas apresenta um retorno geralmente baixo. Assim, a escolha do meio de coleta de dados deverá considerar todas as variáveis envolvidas, e vir acompanhada da implantação de mecanismos de controle nas esferas em que a metodologia escolhida se mostrar mais frágil.

Abordagem disfarçada na pesquisa quantitativa

Quando da construção do instrumento de coleta, ou seja, do questionário, pode ser necessário o uso de "disfarces" para driblar a resistência do entrevistado em responder, sinceramente, ao que se quer saber. Um exemplo clássico é a pergunta da idade das senhoras. Normalmente, há uma tendência a subenumerar a idade, muitas vezes encolhida para valores com dígitos finais 0 ou 5. Nesse caso, o uso de intervalos de idades costuma minorar o problema, utilizando intervalos quinquenais, ou mesmo decenais, melhor para idades mais avançadas.

Outras vezes, é importante não deixar explícita a real variável avaliada. Nesse caso incluem-se perguntas sobre preço de produtos dirigidas a um público de classe social A, quando se está investigando os principais fatores que o levam a escolher uma marca de um dado produto. Entretanto, se a pergunta aparecer sob a forma da relação entre custo e benefício, é possível obter a resposta desejada.

O caso clássico e mais utilizado está vinculado à questão da renda mensal. As pessoas geralmente não respondem, ou, quando o fazem, não são sinceras ao dizer quanto ganham por mês. Pessoas que ganham pouco tendem a responder que ganham mais, e o inverso ocorre com quem ganha muito. Poderíamos nos defrontar com um caso hipotético de um país que afirma ter uma distribuição de renda muito melhor do que realmente tem. Esse é um problema cultural que se verifica na maioria dos países. Para enfrentar essa questão, foram criadas diversas formas indiretas de verificar o padrão de renda, visando entender o real poder de compra das pessoas.

O Critério de Classificação Econômica Brasil, ou Critério Brasil, que foi criado para estimar o poder de compra por meio da posse de um conjunto de bens e do nível de escolaridade do chefe de família, vem sendo utilizado com sucesso pelos institutos de pesquisa brasileiros.

Elaboração de questionário – tipos de perguntas

A elaboração de um questionário é vista como uma "arte imperfeita", pois não existem regras claras que possam produzir um bom questionário de pesquisa (Aaker et al., 2001). Entretanto, algumas precauções podem ajudar a construir um instrumento de coleta de dados que seja consistente e adequado. Em primeiro lugar, é preciso ter bem definidos os objetivos da pesquisa. Geralmente, costuma-se classificar os objetivos da pesquisa em áreas de abordagem. Por exemplo, variáveis demográficas, estilo de vida, hábitos de consumo, preferências, avaliação de imagem de marca e interesse de experimentação. Outras precauções também colaboram na formatação final de um questionário, como verificar se as perguntas formuladas atendem aos objetivos do projeto, adequar o perfil dos entrevistadores ao do entrevistado para que tenham a mesma linguagem, checar se não há ambiguidade ou falta de alternativas em quaisquer perguntas, não fazer perguntas embaraçosas, não obrigar o entrevistado a fazer cálculos, não incluir perguntas que remetam a um passado distante, não incluir perguntas que já contenham respostas, e usar perguntas introdutórias não comprometedoras, que remetam à intimidade do respondente. Às vezes dispensáveis, as perguntas introdutórias permitem ao entrevistado organizar suas ideias e devem estimulá-lo a continuar a entrevista.

A forma, a ordem e a quantidade de questões dependem também do método de coleta de dados que será utilizado e do grau de acessibilidade que o pesquisador possui com os respondentes.

As perguntas de um questionário devem ser claras e objetivas, para que possam ser plenamente entendidas. O questionário é composto por vários tipos de perguntas. Elas se classificam quanto à estrutura ou quanto à funcionalidade.

Quanto à estrutura, as perguntas podem ser abertas ou fechadas, e estas podem ser dicotômicas, de múltipla escolha, de escala de avaliação ou de concordância. Quanto à funcionalidade, há, além das perguntas que objetivam recolher propriamente a opinião do entrevistado, dois outros tipos, de aplicação muito específica: são as perguntas de caracterização e as de filtro.

❑ Pergunta aberta é a que dá ao entrevistado a oportunidade de expor seu ponto de vista, sem restrições. Esse tipo de pergunta, por um lado, dificulta e encarece a tabulação dos dados, podendo dar margem a interpretações por parte do entrevistador e do codificador. Por outro, possibilita que se esclareça algum aspecto que não tenha sido considerado nas demais perguntas.

❑ Pergunta dicotômica é a pergunta em que só cabem duas alternativas, e cuja resposta só pode ser sim ou não, certo ou errado, verdadeiro ou falso, ou variações. Esse tipo de pergunta dificilmente nos leva a concluir algo sobre algum fato. Entretanto, se acrescentarmos à pergunta um *por quê*, para que o entrevistado explique o motivo da resposta, ou se utilizarmos a opção de resposta para levar o entrevistado a responder a questões específicas para o não ou para o sim, a pergunta será válida.

❑ Pergunta de múltipla escolha é uma pergunta para a qual é possível a aceitação de mais de uma alternativa de resposta, como: "Que marcas você conhece do produto P?". É fundamental que se consiga listar todas as possíveis opções de resposta, a fim de evitar a indução da resposta do entrevistado. Se o entrevistador for ler (ou se for um questionário de autopreenchimento) todas as opções de resposta a uma pergunta, ele tenderá a refletir apenas sobre as opções apresentadas, e, talvez, se esqueça de algum fator importante não mostrado nisto que chamamos de estímulo. Uma boa forma de evitar que se esqueçam opções de resposta é testar as perguntas com algumas pessoas, estimulando-as a pensar em alternativas de resposta. A opção "Outras. Quais?" também é importante. Se for necessário, devemos considerar, ainda, o uso de uma pergunta com 10, 15 ou 20 opções de resposta. Pode-se reduzir o viés em uma pergunta desse tipo utilizando um conjunto de cartões com todas as opções de resposta, cada um deles com a ordem de respostas em rodízio. Assim, podemos evitar que uma resposta leve vantagem sobre as outras por estar no topo da lista ou mais à esquerda, por exemplo.

❑ Perguntas com escalas de avaliação e escalas de diferencial semântico são aquelas usadas para que o entrevistado dê uma nota, utilizando uma escala. Essa escala pode variar desde 1 a 4 até 0 a 10, mas não deve ultrapassar essa marca. Em muitos casos, a escala se apresenta associada a uma característica qualitativa: muito satisfeito = 5; satisfeito = 4; indiferente = 3; insatisfeito = 2; e muito insatisfeito = 1.

❑ Perguntas com escalas de concordância (Likert) são perguntas que avaliam por meio de graus de aprovação e desaprovação, ou concordância e discordância, as informações que são expostas para serem opinadas. Por exemplo: *A assistência técnica oferece uma solução rápida*. Opções de resposta: concordo totalmente; concordo em termos; nem concordo/nem discordo; discordo em termos; discordo totalmente.

A *pergunta de caracterização* é usada para identificar as características do entrevistado, como gênero, idade, faixa de renda e nível cultural.

A *pergunta filtro* serve para verificar se a pessoa correta está sendo entrevistada, ou se a pergunta seguinte deve ou não ser aplicada. Por exemplo: "Você costuma jantar fora todo fim de semana?" Se "Sim", continuar para a próxima pergunta; se "Não", "pular" para a pergunta 2 "n".

O quadro 15 apresenta um exemplo simplificado de questionário.

Quadro 15
EXEMPLO SIMPLIFICADO DE QUESTIONÁRIO

Pesquisa de lembrança de propaganda de xampu
1. A senhora tem televisão em casa?
( ) Sim ( ) Não **(encerre)**
2. A senhora estava assistindo à televisão ontem, entre as 18 e as 20 horas?
( ) Sim ( ) Não **(encerre)**
3. A que canal estava assistindo?
( ) Canal 5 ( ) Canal 7 ( ) Outros canais
4. Quais as propagandas que a senhora lembra de ter visto ou ouvido na televisão, entre as 18 e as 20 horas?
( ) Xampu ( ) Outras
4a. (Se não citou xampu): A senhora se lembra de ter visto/ouvido propaganda de xampu?
( ) Sim — marca _____ ( ) Não **(vá para dados de classificação/perfil demográfico)**
5. Como era a propaganda?
( ) Descrição correta ( ) Descrição incompleta ( ) Descrição errada
6. O que a senhora entendeu dessa propaganda?
( ) Mensagem completa ( ) Mensagem incompleta ( ) Mensagem errada
Dados de classificação/perfil demográfico_____
_____

Pré-teste do questionário

É fundamental que se faça um pré-teste do questionário antes de o trabalho de campo começar. Um pré-teste irá verificar a fluidez e a estrutura lógica do questionário, as possíveis reações dos entrevistados, o entendimento das questões e o tempo despendido na entrevista.

Só para que tenhamos ideia do que pode acontecer com um questionário, vejamos o exemplo do que ocorreu, há alguns anos, numa pesquisa feita sobre o refrigerante Fanta. Após o pré-teste do questionário, uma pergunta teve de ser modificada, pois seu entendimento não era correto, como mostra a figura 17. O objetivo da pergunta era entender qual era a percepção dos entrevistados quanto à quantidade de suco de laranja que existia em cada lata de Fanta. Nesse caso, é fundamental que ofereçamos a mesma *métrica* (no caso, os percentuais) para os entrevistados responderem. Além de ajudar o raciocínio das pessoas, isso facilita o processamento das respostas.

Figura 17
PERGUNTA MODIFICADA DEPOIS DE PRÉ-TESTE DE QUESTIONÁRIO

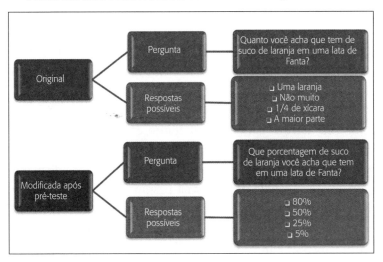

O pré-teste deve ser realizado com pessoas que tenham o mesmo perfil e estejam nas mesmas regiões geográficas do respondente do questionário. Assim, poderemos ter a real sensação do que poderá ocorrer no momento em que estivermos fazendo o trabalho de campo.

Outro exemplo ocorreu há alguns anos, quando um fabricante de louças sanitárias lançou uma pesquisa de mercado para entender os motivos que levavam as pessoas a substituírem o bidê pela ducha sanitária. Após ter feito um pré-teste no Rio de

Janeiro e em São Paulo, o questionário foi considerado aprovado e o trabalho de campo foi iniciado. Durante o campo, surgiram respostas do Rio Grande do Sul que pareciam estranhas. Residências com um banheiro e cinco bidês! Descobriu-se, então, que bidê, no Rio Grande do Sul, significa criado-mudo! Ou seja, as pessoas respondiam corretamente ao questionário, mas o entendimento da questão era equivocado.

Portanto, lembre-se: se seu entrevistado não compreendeu bem a pergunta feita, o problema não é dele, é seu. Além do entendimento das questões, o pré-teste também avalia a duração da aplicação do questionário, verificando se as pessoas ficam cansadas ao respondê-lo. É muito importante avaliar a duração do questionário antes do início do trabalho de campo. Se um questionário cansa o entrevistado, teremos uma alta probabilidade de as pessoas desistirem de respondê-lo no meio de uma entrevista. Cabe ao profissional responsável pela execução da pesquisa decidir, em conjunto com o contratante do estudo, como alterar o questionário ao final do pré-teste.

Este capítulo tratou especificamente das etapas de planejamento e de coleta de dados na pesquisa quantitativa, abordando temas como os diferentes métodos de coleta de dados disponíveis, a elaboração e o pré-teste de questionários, os procedimentos de amostragem probabilística e não probabilística, a abordagem disfarçada, os tipos de perguntas e o trabalho de campo. Ainda tratando da pesquisa quantitativa, o capítulo 4 concentrará a discussão das etapas de campo, processamento de dados, cruzamento de questões, análise e apresentação de resultados.

4 Pesquisa quantitativa — trabalho de campo, processamento de dados, análise e apresentação de resultados

Como vimos no capítulo anterior, um planejamento cuidadoso é essencial para que se obtenham bons resultados em qualquer tipo de pesquisa. No caso da pesquisa quantitativa, especialmente, a etapa de planejamento bem conduzida pode ser responsável pela minimização do erro amostral, considerando as limitações orçamentárias do projeto. Entretanto, o erro total de uma pesquisa tem um componente não amostral que também pode ser minimizado quando se conduz o trabalho de campo de forma criteriosa, e é disso que trataremos na primeira parte deste capítulo.

Na sequência, discutiremos o que fazer com os extratos de campo para chegar ao grande objetivo da pesquisa: dados processados e interpretados, transformados em informação que subsidie efetivamente a tomada de decisão empresarial.

Recursos humanos para o trabalho de campo

Segundo Mattar (2000), o sucesso da operação de coleta de dados está diretamente relacionado com a qualidade do pessoal contratado para sua realização. Pessoal altamente especializado e treinado em relação aos objetivos da pesquisa é necessário para que os dados sejam corretamente obtidos, dentro dos prazos e dos custos preestabelecidos. A qualificação desejada varia conforme o método de coleta que será utilizado. De todos os métodos de coleta de dados, a entrevista pessoal é o que exige maior atenção com referência aos recursos humanos. Por isso, apresentaremos em detalhes os cuidados necessários na contratação de pessoas para entrevistas pessoais, e complementaremos com observações em relação aos demais métodos.

A utilização de entrevistas pessoais apresenta problemas específicos em relação a recrutamento, seleção, treinamento e supervisão de entrevistadores. A escolha de profissionais inadequados possibilita uma infinidade de fontes de vieses que podem comprometer completamente os resultados da pesquisa. O processo de entrevista pessoal está fundamentado na inter-relação entre duas pessoas. Para conseguir simpatia e um clima favorável ao sucesso da entrevista, é preciso que fatores relacionados às características demográficas, psicológicas e comportamentais de entrevistadores e entrevistados sejam o mais semelhantes possível. Entre as características demográficas, podemos citar idade, gênero, estado civil, raça, religião, ocupação, nível educacional, formação profissional, estrato socioeconômico e estilo de vida. E, entre as psicológicas, encontram-se as motivações, atitudes, percepções, expectativas e os valores. Por fim, entre as características comportamentais, há, por exemplo, disciplina, honestidade, comunicação, apresentação e precisão. Dessa forma, conhecendo o público a ser pesquisado, é preciso recrutar e selecionar entrevistadores com o máximo de aproximação possível de seu perfil. Além dessas, outras qualificações importantes relacionadas ao perfil comportamental do entrevistador, que dizem respeito diretamente ao trabalho em si, devem também ser procuradas. Se um entrevistador está trabalhando em uma pesquisa para levantar informações com especialistas sobre o mercado da moda no Rio de Janeiro, é importante que ele tenha alguma vivência nesse mercado, o que vai tornar o diálogo mais fluente, facilitando a interação com os entrevistados, por haver referências comuns.

Mattar (2000) lista pesquisas que têm mostrado que a utilização de pesquisadores com o perfil inadequado para o estudo e o público pesquisado traz resultados enviesados. Veja exemplos:

- respostas obtidas quando entrevistadores e respondentes são do mesmo gênero diferem daquelas obtidas quando são de gêneros opostos;
- entrevistadores jovens tendem a obter respostas orientadas para seu grupo de idade;
- entrevistadores da classe média encontram atitudes mais conservadoras entre grupos de baixa renda do que entrevistadores de baixa renda;
- entrevistadores de baixa renda tendem, tipicamente, a obter respostas mais radicais sobre opiniões políticas e sociais do que entrevistadores da classe média;
- a quantidade de vieses cresce à medida que aumenta a distância social entre entrevistadores e entrevistados;
- entrevistadores negros obtêm, significativamente, mais informação sobre ressentimentos a respeito de discriminação racial do que entrevistadores brancos;
- em estudo sobre atitudes políticas, diferenças significativas foram observadas nas respostas, dependendo das atitudes políticas dos entrevistadores; e
- em um estudo específico, entrevistadores que já tinham uma atitude favorável a casas pré-fabricadas obtiveram respostas mais favoráveis a casas pré-fabricadas do que aqueles cuja atitude era, inicialmente, desfavorável.

Encontrar entrevistadores qualificados é uma tarefa difícil. Primeiro, o pesquisador precisa especificar os atributos necessários para a função. Em seguida, precisa proceder ao recrutamento, à seleção e à contratação, de preferência nas próprias regiões requeridas pelo plano de amostragem, de forma a reduzir os custos com diárias, hospedagem, transporte e alimentação dos profissionais. Geralmente, empresas especializadas são contratadas para a coleta de dados. Elas conseguem manter, tendo em vista o volume de trabalho de coleta de dados que realizam, equipes permanentes de entrevistadores treinados e também cadastros de pessoas interessadas em realizar essa atividade.

Terminado o processo de contratação, os entrevistadores precisam ser treinados de forma que seja estabelecido, entre eles, alto grau de similaridade no processo de coleta de dados. Eles são instruídos sobre os objetivos da pesquisa, o uso dos instrumentos de coleta, o plano amostral, a abordagem aos respondentes, como conseguir aceitação do entrevistado, apresentação pessoal adequada, como fazer as perguntas, como registrar as respostas, e sobre o tipo de público com que irão ter contato. O treinamento deve incluir ainda explicação minuciosa de cada pergunta e as instruções pertinentes — "pulos" de uma pergunta para outra; demonstração da maneira mais apropriada de preenchimento do questionário; indicação de aonde ir e como encontrar a unidade a ser entrevistada (entrevista pessoal), e delimitação do período da pesquisa. Dependendo da complexidade do estudo e de sua dispersão geográfica, pode surgir a necessidade de que essas instruções sejam escritas e distribuídas aos entrevistadores em forma de manual, que não substitui, no entanto, a sessão de treinamento. Essas sessões de treinamento devem ser conduzidas pelos próprios supervisores responsáveis por cada equipe de entrevistadores, quando todo o material de coleta estiver pronto e a equipe de entrevistadores definida.

O treinamento deve ser coletivo, ou seja, todos devem receber uma mesma instrução geral, a fim de evitar ao máximo futuras instruções individuais, que, além de serem cansativas para o supervisor, prejudicam a padronização do estudo. Nesse treinamento, todas as eventuais dúvidas devem ser esclarecidas. Os entrevistadores deverão receber, ainda, uma resenha da instrução, para que possam acompanhar as explicações dadas pelo supervisor. Tal resenha deverá permanecer com os entrevistadores durante todo o tempo de trabalho de campo, para consulta sempre que houver necessidade. O quadro 16 mostra um exemplo de resenha de instrução para entrevistadores.

Os questionários deverão ser analisados, item por item, acompanhados das explicações sobre a instrução ao entrevistador. Após a análise dos questionários, devem ser efetuadas entrevistas simuladas.

Todo entrevistador receberá uma folha de recusa, na qual ele anota o número — e, se for o caso, o perfil — de pessoas que se recusaram a dar entrevistas, para posterior controle e análise pelo supervisor. Durante a instrução geral, o supervisor fará uma demonstração da maneira correta de anotar as respostas.

Quadro 16

EXEMPLO DE RESENHA DE INSTRUÇÃO PARA A COLETA DE DADOS

Caro entrevistador:
Você é a peça *mais importante* deste estudo, pois a coleta de dados é a etapa que determina a *boa* ou a *má* qualidade de um estudo. Se os dados forem coletados *erroneamente*, teremos *resultados falsos e*, consequentemente, serão tomadas medidas erradas relativas a uma política de mercado referente aos produtos em estudo. Por esse motivo, você encontrará, a seguir, as instruções para a execução correta do trabalho de campo, a fim de que ele possa ser **padronizado para toda a equipe**.
Com o objetivo de manter a padronização, seu trabalho será *verificado* por nós, tomando-se como base as instruções dadas. Essa verificação é realizada no decorrer da pesquisa. Trata-se de uma *revisita* ao entrevistado,

(continua)

durante a qual o mesmo questionário que você aplicou será "checado", pergunta por pergunta.

Caso as respostas da entrevista não coincidam com as anotadas por você no questionário, o fato será considerado FRAUDE e, consequentemente todo seu MATERIAL será ANULADO — mesmo que o restante esteja correto —, não lhe cabendo pagamento algum.

Será ainda considerada *FRAUDE* qualquer atitude que fuja às instruções dadas, como execução de entrevista em local não determinado, ou com pessoas que não façam parte da unidade amostral.

O questionário deverá ser entregue *total e corretamente preenchido*, ou seja, não deverão aparecer respostas em branco ou incompletas em perguntas que deveriam ser respondidas. Caso o questionário esteja incompleto, você deverá voltar ao local para *completá-lo*.

Desejamos que você tenha muito sucesso nesta pesquisa e que possamos aproveitá-lo nas próximas que serão realizadas regularmente nesta cidade.

Agradecemos sua colaboração, e nós, supervisores, lhe desejamos BOA SORTE.

1. Quem entrevistar

Entende-se por *dona de casa* pessoa responsável pelas atitudes domésticas, ou seja, aquela que determina o que se compra, o que se come, além de coordenar as atividades do lar, que em geral, é a esposa do chefe de família (aquele que sustenta o lar).

Caso mães e filhas casadas, sogras e noras habitem a mesma casa, entrevistar aquela que concentrar mais responsabilidade pelo lar. Empregadas não deverão ser entrevistadas.

2. Onde entrevistar

2.1. Local da entrevista

Você receberá um mapa com um bloco de quarteirões marcados. Ele é composto de um quarteirão central e de quatro a seis quarteirões adjacentes. Esse aglomerado é denominado *cluster*.

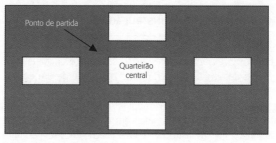

2.2. Procedimento no cluster

Uma vez localizado, inicie a entrevista no *ponto de partida* indicado no desenho, ou seja, no canto esquerdo da face norte do *quarteirão central*.

(continua)

Bata na primeira residência e aplique o questionário n° 1. Uma vez efetuada a entrevista, aplique o questionário n° 2 na casa seguinte. Encerrada a segunda entrevista, pule três casas e bata na 6ª, aplicando o questionário 3, e, na 7ª, o questionário 4, e assim sucessivamente.

No caso de não conseguir efetuar a entrevista na casa determinada pela contagem, continue batendo nas casas seguintes até que a entrevista se concretize.

2.2.1. Prédio de apartamentos

Em um prédio de apartamentos, cada andar deverá ser considerado residência. A contagem deverá ser feita de cima para baixo. Assim, a 1ª entrevista deverá ser realizada no último andar (questionário 1), e a 2ª, no penúltimo (questionário 2). Caso ambas se concretizem, pule três andares e reinicie o processo.

2.2.2. Vila

Considere como uma rua. Entre na vila e proceda normalmente.

2.2.3. Casa de fundos

Considere a casa de fundos como uma casa comum.

2.2.4 Passagens ou travessas

Devem ser consideradas ruas. Nesse caso, o quarteirão que possuir passagens ou travessas passará a ser considerado dois quarteirões, e o prosseguimento deverá ser normal.

2.3. Número de entrevistas por cluster

Deverão ser realizadas 20 entrevistas em cada *cluster*. Caso não complete a quota (20 entrevistas) no quarteirão central, passe para os adjacentes até completá-la. A ordem a ser cumprida nos adjacentes é a apresentada no desenho anterior.

Após completar a quota de 20 entrevistas em um *cluster*, mude para outro *cluster* determinado pelo supervisor e reinicie o processo já adotado. Caso não seja completada a quota de 20 entrevistas no *cluster, não deverá efetuá-las* em outros quarteirões, e sim, levar o problema ao supervisor.

Recusa: Caso o entrevistado se recuse a dar a entrevista, o entrevistador deverá anotar, na folha de recusa, o endereço e o motivo da recusa.

Os principais erros cometidos por entrevistadores durante as entrevistas, tanto pessoais quanto por telefone, são provenientes da ausência de empatia entre o entrevistador e entrevistado (ou seja, quando o primeiro não consegue se colocar no lugar do segundo), da forma de perguntar, da forma de registrar a resposta, de desonestidade. Durante o processo de treinamento, deve-se dar ênfase específica a esses itens como forma de reduzir sua incidência.

Trabalho de campo

Os procedimentos de campo comentados nesta seção servem como parâmetro geral para a maioria dos processos de coleta de dados que envolvam a montagem de equipes de campo, que em geral têm forte hierarquia. A execução de entrevistas pessoais ou por telefone exigem, geralmente, a participação de entrevistadores cujo trabalho é coordenado por supervisores.

O trabalho de campo é a parte mais cara e sujeita a erros em uma pesquisa. Os problemas mais comuns nessa fase são os seguintes: dificuldade de acesso aos entrevistados, recusa em cooperar, respondentes tendenciosos ou desonestos, entrevistadores tendenciosos ou desonestos, e abordagem de público-alvo inadequado. Em linhas gerais, o trabalho de campo demanda, além de uma seleção rigorosa e de treinamento prévio da equipe de coleta de dados:

- questionário bem testado e livre de falhas, como forma de facilitar sua aplicação pelo entrevistador;
- uma supervisão eficiente; e
- auditoria e verificação constante da coleta de dados.

Compondo a estrutura da pesquisa quantitativa, inclui-se o procedimento de checagem, muito comum em entrevistas pessoais ou por telefone, que deve ser realizado em 20% das entrevistas diárias, selecionadas ao acaso. Além dessa amostra, devem ser checadas aquelas entrevistas que possam apresentar suspeitas de fraude. A checagem deve ser imediata às entrevistas, porque o entrevistado, além de se lembrar da entrevista, ainda não teve tempo de mudar seus hábitos ou opiniões. Além disso, uma checagem imediata permite que se corrijam possíveis falhas de contratação de entrevistadores durante o trabalho de campo, substituindo tempestivamente profissionais envolvidos com eventuais fraudes.

Para ilustrar o processo de trabalho de campo, vamos tomar o exemplo da Empresa X Ltda., um distribuidor de produtos alimentícios de São Paulo, que encarregou o Instituto Y de Pesquisa de Mercado de fazer um estudo entre mercearias dentro dos limites da capital. As informações desejadas deveriam ser obtidas parcialmente com o gerente de cada loja, assim como pela observação das marcas de carne enlatada existentes nas prateleiras. O contrato entre a Empresa X e o Instituto Y especificava que uma verificação de 20% seria realizada por telefone, e-mails ou visitas, a fim de assegurar que entrevistadores haviam realizado realmente as entrevistas e que seus questionários não eram fraudulentos.

As mil mercearias que deveriam constar do estudo estavam distribuídas pela cidade, e dez pesquisadoras, todas elas experientes, foram recrutadas para fazer as visitas a essas lojas. Foi solicitado a todas que comparecessem ao instituto, a fim de receber instruções detalhadas sobre a maneira exata de realizar o trabalho. Os questionários foram cuidadosamente revisados, para identificar possíveis erros nos processos empregados pelas entrevistadoras. Várias pesquisadoras estavam confusas com relação aos produtos incluídos na classificação de carne enlatada. Os erros foram facilmente descobertos e corrigidos. Parecia não haver razão que determinasse a troca de qualquer uma das entrevistadoras. Portanto, na segunda manhã, depois de ter sido feita a verificação, todas as dez profissionais foram instruídas a continuar o trabalho.

Cada pesquisadora recebeu uma lista de aproximadamente 100 mercearias, na área que mais lhe convinha. Não foi feita supervisão de campo devido ao tamanho da área de estudo, e porque as mercearias estavam muito dispersas pela cidade. Também não foi feito um roteiro de visita para cada entrevistadora, pois não havia conhecimento sobre a quantidade de entrevistas que poderiam ser realizadas em um dia. Para economizar tempo e custos de transporte, as profissionais foram instruídas a começar o trabalho de cada dia diretamente de suas casas.

Em estudos anteriores desse mesmo tipo, o Instituto Y experimentou grandes dificuldades em verificar o trabalho de seus pesquisadores. Usaram-se três métodos para a verificação das visitas: os cartões para serem devolvidos pelo correio, contato telefônico e visita do supervisor de campo. Entretanto, todos os métodos usados para a verificação das visitas apresentavam desvantagens: os cartões para serem devolvidos pelo correio geralmente não eram devolvidos pelos lojistas, ou não eram entregues à pessoa que havia sido entrevistada. Nem todas as lojas possuíam telefones suficientemente disponíveis pois eles eram usados pelos funcionários que atendiam a outras demandas. A visita pelo supervisor de campo era considerada muito dispendiosa, por causa da distância entre as mercearias.

Antes de concordar em fazer o estudo para a Empresa X, o sr. Matias, gerente de contas do Instituto Y, havia apresentado ao sr. Fassini, dono do instituto de pesquisa, um plano que, em sua opinião, superaria a maioria dos problemas envolvidos no controle das pesquisadoras e na verificação de seu trabalho. Sugeriu que as instruções dadas às pesquisadoras incluíssem as determinações apresentadas no quadro 17.

Levando em conta os conceitos que vimos sobre o trabalho de campo, você proporia algum ajuste que pudesse proporcionar um controle mais satisfatório dos pesquisadores de campo? Esse novo controle de fato faria com que o procedimento estivesse compatível com o acordo de verificação feito entre a Empresa X e o Instituto Y? Reflita a respeito e discuta suas propostas com aqueles que estiverem estudando o mesmo tema, justificando suas posições com base nos conceitos apresentados neste livro.

Quadro 17
SUGESTÃO DE DETERMINAÇÕES ÀS ENTREVISTADORAS

❑ Todas as pesquisadoras devem comparecer a este escritório entre as 12h e as 13h e entre as 16h e as 17h, diariamente. Nessa ocasião, devem informar sobre o número de visitas feitas e o número de entrevistas realizadas, assim como os nomes e endereços das pessoas entrevistadas. Destas será retirado um certo número que será verificado por este escritório. As visitas matinais serão verificadas na tarde do dia em que foram feitas, e as visitas à tarde serão verificadas na manhã seguinte.

❑ Na ocasião em que for verificada a visita, o funcionário do escritório central perguntará se a pessoa foi visitada pela entrevistadora e se ela foi educada.

❑ Todas as entrevistas realizadas durante um dia devem ser enviadas ao escritório por e-mail ou por fax antes das 18 h do mesmo dia. Elas serão revisadas assim que forem recebidas. Todas as discrepâncias ou dúvidas serão apresentadas à pesquisadora responsável na ocasião de sua próxima visita.

Processamento de dados

De posse dos dados coletados, o momento da tabulação e processamento dos dados é crítico, basicamente por dois motivos. Inicialmente, porque é um ponto em que a incidência de erro humano pode ser muito grande na transposição das respostas anotadas no questionário em papel para a base de dados. Além disso, esse é o primeiro momento em que vamos saber se a coleta foi, efetivamente, consistente. Ou seja, só então teremos ideia da quantidade de questionários mal preenchidos ou incompletos, e, dependendo desse percentual, será necessário adotar outras ações que certamente trarão impacto sobre o cumprimento dos prazos e — não menos importante — sobre os custos.

O quadro 18 nos dá uma síntese dos principais tipos de erro que podemos encontrar nessa etapa de processamento. A identificação desses erros pode ser feita pelo entrevistador, pelo supervisor ou mesmo pelo analista, e eles precisam ser sanados antes que os dados sejam processados. Não podemos deixar entrar "lixo" no sistema de informações de marketing (SIM), sob pena de recolhermos "lixo" na hora de extrair informações dele.

Quadro 18

ERROS NO PROCESSAMENTO DE DADOS

Tipo de erro	Causa
Erro do entrevistador	Os entrevistadores podem não estar fornecendo aos respondentes as instruções corretas.
Omissões	Frequentemente os entrevistados deixam de responder a uma pergunta ou a uma seção do questionário, seja inadvertida, seja deliberadamente.
Ambiguidade	Uma resposta pode não ser legível ou ser obscura. Por exemplo: qual dos quadrados recebeu o "x" em um sistema de múltipla escolha?
Inconsistências	Às vezes, duas respostas podem ser inconsistentes logicamente – um respondente advogado pode ter preenchido o espaço indicando não ter o segundo grau completo.
Falta de cooperação	Em um questionário muito longo, com centenas de perguntas sobre atitudes ou imagens, um respondente pode se rebelar e dar sempre a mesma resposta em uma lista de questões. Por exemplo, em uma escala com concordo-discordo.
Respondente inelegível	Um respondente inadequado pode ter sido incluído na amostra. Se a amostra é de mulheres com mais de 18 anos, as demais devem ser excluídas.

Fonte: Aaker et al., 2001:442.

Considerando a necessidade de sanar os erros de processamento de dados, há pelo menos quatro alternativas.

❏ Voltar ao entrevistado quando isso for possível e quando o esforço for justificado, por se tratar de uma pergunta importante. Se isso não for possível, ou se a pergunta não justificar o esforço, podemos passar a uma das três alternativas a seguir.

❏ Descartar, para aquele respondente, apenas a questão com problema, considerando as demais. Isso se justifica em questões do tipo "idade", em geral de importância apenas relativa, quando as demais respostas estariam em condições de ser aproveitadas.

❏ Considerar as respostas inconsistentes em um item suplementar, como "não sabe" ou "não respondeu".

❏ Descartar todo o questionário como inaproveitável. Nesse caso, há de se verificar se o descarte não traz problemas para o equilíbrio da amostra, sendo necessário, por vezes, repor o questionário com outro respondente.

Tal processo permite, derivativamente, avaliar a equipe de entrevistadores e supervisores, para evitar o recrutamento em outros trabalhos de pessoas de baixo desempenho, que necessariamente elevam o chamado erro não amostral.

Em seguida, parte-se para a codificação dos dados, que é o processo de agrupar e designar códigos numéricos às várias respostas a uma determinada pergunta. A maioria das perguntas em uma pesquisa quantitativa é fechada e pré-codificada. A codificação de perguntas abertas é mais complexa. Envolve um julgamento por parte do pesquisador, que precisa interpretar as respostas para que possam ser codificadas por semelhança. O nível de subjetividade desse processo é relativamente alto, e, quando malfeito, pode ser uma importante fonte de viés. É por isso que a qualificação de quem realiza esse trabalho deve necessariamente ser elevada, contando-se, frequentemente, com profissionais experientes, até com formação em nível de pós-graduação, para executá-la. O quadro 19 exemplifica a codificação de uma pergunta aberta.

Como parte do processo de codificação, muitas vezes é necessário realizar ajustes estatísticos dos dados, de modo a valorar adequadamente as respostas, resultando em uma análise mais apurada. Vários procedimentos podem ser adotados com tal objetivo, sendo os três mais utilizados a atribuição de pesos, a reespecificação de variáveis e a transformação de escalas.

Quadro 19

Exemplo de codificação de pergunta aberta

Pergunta: Por que você bebe essa marca de cerveja? (A marca foi citada na pergunta anterior.)

Respostas típicas:
1. Porque é mais gostosa.
2. Tem um sabor melhor.
3. Gosto do sabor que ela tem.
4. Não gosto do sabor pesado das outras cervejas.
5. É a mais barata.
6. Compro a cerveja que estiver em oferta.
7. Não faz mal para o estômago como as outras.
8. As outras marcas me dão dor de cabeça. Essa, não.
9. Essa sempre foi minha marca.
10. Eu bebo essa marca há mais de 10 anos.
11. É a marca que a maioria do pessoal lá no trabalho bebe.
12. Todos os meus amigos bebem essa marca.
13. Não tenho ideia/não sei.
14. Nenhum motivo em particular.

Categoria de Resposta	Itens de Resposta	Código Numérico
Mais gostoso/gosta do sabor/mais gostosa do que as outras	1, 2, 3, 4	1
Preço mais baixo	5, 6	2
Não dá dor de cabeç/problemas de estômago	7, 8	3
Já usa há muito tempo/hábito	9, 10	4
Amigos bebem/influência de amigos	11, 12	5
Não sabe	13, 14	6

A atribuição de pesos se justifica quando desejamos conferir maior peso, por exemplo, a uma faixa etária do público ouvido ou às pessoas de uma determinada faixa de renda, à qual se destina o produto em análise. Se numa pesquisa de lançamento de um novo sabor de uma bebida isotônica se pretenda atribuir um maior peso às opiniões dos jovens, o pesquisador poderá dar peso dois às respostas dos jovens e peso um para as demais.

A reespecificação de variáveis deve ser adotada quando as variáveis podem ser tratadas em grandes grupos, por conta de sua similaridade. Assim, é possível reespecificar para uma variável "oportunidade de negócio" itens como preço, relação custo-benefício, baixa taxa de juros para financiamento, aproveitamento de pontos em cartões de fidelidade, entre outros. Isso não impede que cada variável seja tratada isoladamente, mas, por meio desse mecanismo, temos a possibilidade de visualizar grandes focos do produto.

Usamos a transformação de escalas quando há necessidade de comparação entre escalas diferentes. Esse tipo de adequação ocorre, habitualmente, entre moedas ou entre escalas de valor inteiro e de centavos de uma mesma moeda. Se as vendas são medidas em reais e os preços em centavos de real, ambas as variáveis precisam ser trazidas para uma unidade de medida comum para que possam ser comparadas. O mesmo vale para quilogramas e toneladas ou mesmo quilogramas e libras, quando a variável em questão refere-se à massa de produto.

Hoje em dia, com o desenvolvimento de aplicativos específicos, já é possível contar com softwares estatísticos com interfaces cada vez mais amigáveis, capazes de realizar os ajustes de acordo com o necessário.

Concluídos os ajustes, chegamos ao momento da tabulação. A tabulação visa determinar a distribuição de frequência das variáveis que foram investigadas, isto é, o número de entrevistados que deram respostas positivas a cada pergunta, gerando as estatísticas descritivas conhecidas como moda, média, desvio-padrão, variância e muitas outras. Nesse ponto, vale o destaque da importância de integrarmos o trabalho do profissional de estatística com o do profissional de marketing. Dependendo da complexidade das correlações buscadas na pesquisa quantitativa, a contribuição de um especialista em estatística pode ser imprescindível. No entanto, guardados o foco e as características essenciais de cada função, cabe ao profissional de marketing ter algum conhecimento de estatística para poder solicitar os cálculos e interpretar seus resultados.

Imagine que se faça uma pesquisa para verificar se donos de pequenos cães estariam dispostos a utilizar, em seus animais, fraldas para que saiam à rua. A distribuição de frequência, a porcentagem relativa para cada categoria e o histograma, representação gráfica por meio de barras horizontais, estão apresentadas na tabela 3.

Na parte de baixo da tabela, apresentamos a mesma distribuição de frequência, em números absolutos, percentuais, ou representada graficamente — depois de procedermos ao agrupamento de categorias que provável ou certamente não usariam fraldas em seus cães.

Cruzamento de questões

A tabulação dos dados pode envolver perguntas simples, de múltipla escolha, abertas e com escalas de juízo de valor, como ótimo, bom, regular, ruim e péssimo. Embora seja muito importante analisar as respostas relativas a cada pergunta, é normal haver dúvidas sobre como se relacionam umas às outras, bem como se o comportamento de uma ajuda a explicar o de outra.

Tabela 3
Distribuição de frequência

Fraldas descartáveis para cães	Número	Porcentagem	Histograma
Certamente vou utilizar	127	10,32	
Provavelmente vou utilizar	248	20,15	
Não tenho certeza ainda	394	32,01	
Provavelmente não vou utilizar	277	22,50	
Certamente não vou utilizar	185	15,03	
Total	1.231	100,00	
Certamente vou utilizar	127	10,32	
Provavelmente vou utilizar	248	20,15	
Indefinido ou desinteressado	856	69,54	
Total	1.231	100,00	

PESQUISA DE MERCADO

Vale destacar aqui a tabulação cruzada, a técnica estatística mais utilizada pelas pesquisas de marketing. A tabulação cruzada é a verificação das respostas a uma pergunta em relação às respostas a alguma outra, ou a mais perguntas de um questionário. A maioria dos estudos de mercado não vai além da tabulação cruzada em termos de análise, pois a verificação de uma associação existente entre duas variáveis nominais geralmente é suficiente para atender aos objetivos de pesquisas desse tipo.

Consideremos, por exemplo, o caso de uma pesquisa em que procuramos compreender os hábitos de compra e uso de uma determinada marca de sabonete hidratante. O questionário, por ordem, pergunta: gênero, idade, local de moradia, local mais frequente onde compra sabonetes, frequência de compra de sabonetes em geral e de sabonetes hidratantes em particular, marcas de sabonetes compradas, entre outras variáveis.

Se analisarmos a tabulação de cada questão apenas isoladamente, teremos um retrato pobre que pouco nos ajudará a entender o problema. Entretanto, cruzando as questões, poderemos entender qual é a frequência de compra de um sabonete hidratante da marca X, por mulheres entre 30 e 40 anos, que moram no bairro Y e que também compram o sabonete Z (não hidratante). Essa informação ajudará o tomador de decisão a planejar ações específicas, para públicos específicos, em regiões determinadas.

Quando há dúvidas se uma variável ajudaria a entender o comportamento de outra, é preferível fazer o cruzamento das questões que abordam as referidas variáveis. Dessa forma, poderemos esclarecer as dúvidas.

Muitas vezes, descobrimos interessantes informações como consequência desses cruzamentos. Outras, na fase de aprovação do instrumento de coleta de dados, já imaginamos que determinadas questões deveriam ser cruzadas com outras. Nesse caso, é interessante já deixar claro para o executor da pesquisa que esses cruzamentos deverão ser realizados.

Entretanto, o mais comum é que, na fase de análise dos resultados, para que se consiga entender melhor o problema, novos cruzamentos sejam demandados.

Análise dos resultados

A análise dos dados advindos de uma pesquisa, que se destina a ajudar a compreender melhor um problema, tem que permitir a identificação dos pontos positivos e críticos do objeto em estudo. Portanto, é fundamental que esses pontos sejam vistos isoladamente, para que possam, em seguida, ser submetidos a um olhar conjunto, que será a expressão daquilo a que se conseguiu chegar acerca da questão estudada. O processo inicial de análise evolui para o necessário trabalho de síntese.

Portanto, os elementos que formos capazes de recolher devem necessariamente ajudar a explicar o fenômeno pesquisado. Por isso, é fundamental que o profissional que está analisando a pesquisa seja experiente para saber detectar a necessidade de fazer novos cruzamentos e conseguir transformar os dados em informação relevante.

Cumpre garantir que cada conclusão acerca do problema esteja embasada nos dados recolhidos e devidamente referenciada, a fim de que o tomador de decisões saiba, finalmente e com exatidão, que afirmações podem ser feitas sobre o objeto estudado.

É importante desafiarmos cada conclusão, explicitando, na análise, os motivos que permitem chegar a cada uma delas. Essa prática pode evitar situações delicadas no momento da apresentação dos resultados. Feito isso, é preciso gerar um relatório detalhado da pesquisa, capaz de oferecer ao cliente indícios concretos das ações que podem ser implementadas em relação ao problema.

Apresentação dos resultados

O relatório final é o documento em que estão expressas e formalmente organizadas as informações obtidas pela pesquisa. Um estudo tecnicamente benfeito, mas explicitado em relatório pobre ou desleixado, tem poucas chances de ser valorizado como poderia, diluindo seu potencial de contribuir para a solução de problemas de marketing ou gestão.

O relatório final da pesquisa deve ser um documento o mais abrangente possível, embora deva apresentar uma característica executiva, sucinta e objetiva. Os resultados encontrados devem ser agrupados de forma a apresentar as soluções para o problema-chave e para os objetivos da pesquisa.

Os resultados mais importantes devem ser necessariamente apresentados por meio de gráficos. Eles facilitam o entendimento das análises realizadas, sendo poderosas ferramentas visuais de persuasão. A parte impressa deve se constituir em um documento para consulta imediata, contendo, portanto, os gráficos e respectivos comentários. As tabelas, com a totalidade dos dados, devem ser apresentadas em anexos, apenas para o pessoal técnico do cliente que possa ter interesse nos detalhes. A cada dia é mais comum que o relatório analítico tenha uma versão em formato PowerPoint ou similar, que normalmente também é entregue em meio eletrônico, juntamente com os demais arquivos de resultados.

Embora não haja um formato rígido, ou único, para o relatório, ele não pode deixar de conter alguns itens, que passamos a expor.

- As páginas iniciais devem fornecer as informações básicas e facilitar a consulta, depois de arquivado.
- A página de rosto não deve deixar de conter a natureza do estudo, quem o solicitou ou contratou, data, organização executora, de preferência com e-mail do responsável.
- A sinopse, ou resumo executivo, deve ser muito sintética, contendo as principais informações referentes ao objetivo do estudo, à metodologia, às conclusões e às recomendações.
- Sumário — contemplando títulos, subtítulos e anexos, com as respectivas páginas.
- Introdução — nesta seção, é preciso resgatar o contexto do estudo, de preferência trazendo os dados do *briefing*, para que seja possível comparar o nível de conhecimento do problema antes e depois da realização da pesquisa.
- Objetivos — explicitar os objetivos do estudo, de preferência sendo fiel ao *briefing*.
- Metodologia — descrição total da metodologia da pesquisa, incluindo tipo de pesquisa, dados relativos à coleta de dados, período de realização, procedimentos de amostragem, o instrumento de coleta de dados. Deve-se relatar, inclusive, possíveis correções de rumo que tenham sido realizadas ao longo do processo.
- Resultados — trata-se do núcleo do relatório. Nessa parte, os resultados devem aparecer, questão a questão, cruzamento a cruzamento. Nesse tipo de documento, não devemos fazer nenhum tipo de seleção, ou seja, todas as informações devem estar explicitadas, de preferência em gráficos acompanhados de comentários sucintos e relevantes. As tabelas, ou o todo da base de dados, devem ser entregues em meio magnético, sendo dispensáveis no corpo do relatório impresso.
- Limitações — parte do relatório em que são explicitadas as dificuldades encontradas ao longo do processo e se, de algu-

ma forma, tais dificuldades têm impacto sobre a abrangência das conclusões.

❑ Conclusões e recomendações — as conclusões do estudo devem ser apresentadas de modo claro, direto e objetivo, agregando sugestões e recomendações no que tange à tomada de decisão da empresa.

Junto ao material impresso deve ser apresentado um CD, contendo a base de dados ou, pelo menos, as tabelas completas, o relatório final e a apresentação de slides que será feita ao cliente, conforme veremos ainda nesta seção.

Pesquisas realizadas por organizações externas à empresa devem ser apresentadas pela unidade executora, especialmente quando o estudo envolver juízo de valor ou abordar certos dogmas da organização acerca de sua imagem ou da de seus produtos.

É preciso que as apresentações de PowerPoint sejam concisas, bem diagramadas e claras. O profissional responsável pela apresentação deve ter pleno domínio do assunto, discorrendo sobre os achados da pesquisa sem que precise ler o texto dos slides. Deve respeitar o tempo destinado à sua fala, resguardando uma parcela de tempo para dúvidas e comentários.

Ao apresentar os resultados de uma pesquisa para os contratantes, é importante respeitar o conhecimento preexistente, os processos e a história da empresa, o que demanda sensibilidade do pesquisador lado a lado com conhecimento técnico.

Os resultados devem ser divulgados com transparência para todas as áreas atingidas da empresa, de modo a permitir que o maior número possível de segmentos se beneficie do estudo. Dependendo do contexto, pode ser importante gerar versões do relatório com linguagem compatível com o segmento da empresa que terá acesso a ele. Por isso mesmo, o conjunto de reuniões de apresentação dos resultados deve ser cuidadosamente planejado, a fim de que todos os envolvidos vejam os resultados e possam participar da discussão no mesmo período. Isso evita possíveis focos de tensão.

Para que o efeito dos resultados de pesquisa possa ser maximizado, produzindo planos de ação, é importante gerar uma discussão após a apresentação dos resultados. Nesses casos, é aconselhável identificar as áreas que demandam e, durante o debate sobre os resultados, identificar qual profissional da empresa deverá ser o responsável por um plano de ação para trabalhar sobre o ponto identificado. Em muitos casos, quando não se aproveita "o momento mágico da apresentação da pesquisa", os resultados se perdem, sem gerar ações de melhoria. Muitas vezes, as grandes decisões decorrentes de uma pesquisa de mercado são tomadas durante aquelas duas ou três horas da apresentação do relatório final. Com frequência, os grandes tomadores de decisão do contratante jamais lerão o relatório em detalhes. Por isso é tão importante planejar a apresentação.

Este capítulo concentrou a discussão sobre as etapas de campo, incluindo a importante questão dos recursos humanos, além de abordar o processamento de dados, o cruzamento de questões e a análise e a apresentação de resultados.

O capítulo 5, a seguir, apresentará em detalhes a pesquisa qualitativa, suas características e técnicas de abordagem. Será analisado o desenvolvimento da pesquisa qualitativa, abordando o recrutamento e a seleção de entrevistados, a coleta de dados por intermédio de grupos de discussão, entrevistas individuais em profundidade e observação. Tratará também da análise e da apresentação de resultados.

5

Pesquisa qualitativa

A pesquisa qualitativa é um estudo não estatístico que identifica e analisa profundamente dados não mensuráveis de um determinado grupo de indivíduos em relação a um problema específico. Além das iniciativas persuasivas de marketing e de comunicação, as decisões de escolha de uma marca, as preferências de consumo e as mudanças de comportamento são também influenciadas e motivadas pelo próprio universo do consumidor, incluindo suas percepções de valor, seu cotidiano, sua visão do mundo, suas características de personalidade, suas realizações, frustrações e sonhos. A pesquisa qualitativa tem alcance suficiente para descobrir essas variáveis não mensuráveis, que moldam e ajudam a determinar as escolhas dos consumidores.

Segundo McDaniel e Gates (2003:120), "não existe maneira melhor do que a pesquisa qualitativa para compreender a fundo as motivações e os sentimentos dos consumidores". Aaker e colaboradores (2001:206) dizem que "o propósito da pesquisa qualitativa é descobrir o que o consumidor tem em mente".

Necessidades da pesquisa qualitativa

Nem sempre é fácil descobrir o que uma pessoa tem em mente. No caso do consumidor, desvendar o que se encontra em seu íntimo, e que, portanto, pode impulsioná-lo ou não a comprar, é o que justifica, *grosso modo*, o uso de técnicas qualitativas de pesquisa. Por meio delas, é possível conhecer melhor aspectos que não podem ser observados nem medidos de forma direta ou objetiva, como sentimentos, pensamentos, intenções, comportamentos, valores e sensações.

A partir da pesquisa qualitativa é possível, também, avaliar determinadas questões sobre as quais as pessoas podem ter dificuldades de falar, de se posicionar, ou com as quais apresentam certo desconforto, que se mostrem invasivas de sua privacidade, de sua intimidade, ou que, de alguma forma, exponham a si mesmas ou à sua família.

Por meio das pesquisas qualitativas é possível, ainda, realizar o levantamento inicial de opiniões, usos, costumes, imagens, percepções, crenças, experiências, intenções, estilos de vida, comportamentos passados e presentes. A partir desse levantamento são geradas as hipóteses, que poderão vir a ser testadas, futuramente, em larga escala, em pesquisas quantitativas.

As pesquisas qualitativas pretendem revelar, portanto, a informação a que não se conseguiria chegar por meio de perguntas objetivas. Na abordagem qualitativa é necessário montar um perfil mais exato do comportamento das pessoas, em situações sociais ou não, a partir do qual fosse possível modelar o produto compatível com o que o consumidor valoriza. Portanto, a necessidade do uso de uma pesquisa qualitativa depende do objetivo do estudo, como mostra o quadro 20.

Como vemos, as situações de uso das pesquisas qualitativas são absolutamente diversas das que norteiam as pesquisas quantitativas, o que impede que uma substitua a outra, que uma suplante a outra, ou que uma possa ser vista como mais importante ou melhor do que a outra. Em consequência, não é possível utilizar as formas de análise de uma para traduzir os resultados de outra. Elas têm tratamentos específicos.

Quadro 20
SITUAÇÕES DE USO DE PESQUISAS QUALITATIVAS

Mapear determinado problema ou produto, em relação ao qual não se disponha de informações anteriores.
Verificar mudanças de valores, hábitos e atitudes do consumidor.
Avaliar reações a novos produtos ou a mudanças em produtos já conhecidos, inclusive de embalagens, rótulos, sabores, aromas, cores etc.
Qualificar o posicionamento de determinada marca em um segmento de mercado.
Conhecer os motivos que balizam a preferência ou a rejeição a determinadas marcas ou produtos (*likes* e *dislikes*).
Interpretar informações novas, inesperadas ou imprevistas, obtidas em pesquisa quantitativa anterior.

Assim, da mesma forma que não podemos pretender análises profundas de comportamento com pesquisas quantitativas, não podemos pretender estabelecer enfoques conclusivos, expressos em gráficos e percentuais, a partir de pesquisas qualitativas. Com objetivos, enfoques e metodologias específicas, cada qual será indispensável, no momento apropriado, para balizar as decisões que precisam ser tomadas no cotidiano das empresas.

Características e limitações da pesquisa qualitativa

Boa parte das pesquisas qualitativas tem caráter exploratório. Destinam-se a avaliar a reação de potenciais consumidores a produtos ou serviços absolutamente novos, para os quais não haja similares na região, a respeito dos quais não se disponha de qualquer informação. Servem, ainda, para verificar como os consumidores reagem diante de alguma marca, produto ou serviço, buscando conhecer, em profundidade, o que norteia suas escolhas. Nessa gama de situações encontra-se, por meio de estudo, uma infinidade de alternativas em termos de produtos, serviços, embalagens, aromas, sabores, cores ou peças de campanhas publicitárias, entre muitos outros itens.

As pesquisas de caráter qualitativo têm determinadas características. Uma delas é o fato de que os resultados não podem ser extrapolados para toda a população, com margem de erro e intervalo de confiança conhecidos. Por isso, por estarmos interessados no que aqueles entrevistados pensam e não na população total, não se justifica fazer um cálculo amostral exato e ouvir grande número de pessoas. Como o nome mesmo diz, seu intuito é qualificar e não quantificar o problema, motivo pelo qual não podem ser aplicadas quando buscamos conhecer toda a população.

Por se tratar de estudos de opinião, que muitas vezes não têm qualquer mapeamento anterior sobre o qual se alicerçar, é natural e desejável que se construa, previamente, um roteiro de itens que deverão ser abordados pela pesquisa, deixando sempre espaço para que novos itens sejam incorporados. Nesse fato reside mais uma característica das pesquisas qualitativas: são dinâmicas e flexíveis.

Assim, por seu caráter mais dinâmico e flexível, a pesquisa qualitativa não deve ser estruturada por um questionário rígido e fechado, mas seguir roteiros mais abertos. Dessa forma, não devemos ter preocupação com o número de perguntas, mas com a definição dos elementos que precisam ser enfocados, para que nenhum deles deixe de ser abordado com os entrevistados.

A flexibilidade do roteiro permite que novos elementos trazidos pelo entrevistado possam ser incorporados e igualmente detalhados, a fim de que os futuros entrevistados também discorram sobre esses fatores. Assim, o instrumento de coleta de dados na pesquisa qualitativa prima pela riqueza e pela adaptabilidade, permitindo um conhecimento mais profundo e pormenorizado do assunto em estudo.

Tal característica também se reveste de uma limitação, uma vez que nem sempre as pesquisas qualitativas permitem a comparação de resultados com estudos anteriores.

A pesquisa qualitativa requer um profissional altamente qualificado, especializado em análise de discurso ou de conteúdo, capaz de separar as informações extremamente importantes dos aspectos irrelevantes. Além disso, que seja capaz de verificar em que momentos o entrevistado apresenta, por meio de gestos, de palavras ou de silêncios, uma informação mais importante do que outra. Ou seja, a hierarquização e a categorização dos aspectos levantados serão obra da análise do profissional envolvido, cuja técnica, sensibilidade e capacidade de ouvir o dito e o não dito determinarão o sucesso do estudo.

Finalmente, é importante deixar claro que, apesar de suas características, a pesquisa qualitativa não é um simples "encontro amigável", para o qual bastam meia dúzia de pessoas conversando amenamente sobre determinado tema. Se, por um lado, não exige o rigor de um questionário fechado, de uma amostra estatística, de um processamento rigoroso de dados, é necessário, por outro, que sua flexibilidade seja acompanhada por um extremo rigor técnico, a fim de que os resultados gerados possam ter credibilidade, gerando informações úteis à tomada de decisão nas organizações.

Definição da técnica de abordagem

A definição da técnica de abordagem das pesquisas qualitativas deve se dar a partir do objetivo que se busca atingir. Por isso, apresentamos as diferentes alternativas, de modo a permitir uma escolha segura e adequada.

São, prioritariamente, duas as técnicas mais utilizadas nas abordagens qualitativas: discussões em grupo (DG), também chamadas de grupos de foco, e as entrevistas individuais em profundidade. A pesquisa etnográfica[3] vem também ganhando força entre as técnicas utilizadas, do mesmo modo que a *central location*.[4] Há outras técnicas, como a *laddering*, mas de usos tão restritos e específicos que seu detalhamento foge ao escopo deste livro. Vejamos as características de cada uma das técnicas mais utilizadas.

Discussões em grupo (DG)

É a técnica qualitativa mais conhecida. Permite obter uma visão aprofundada de um determinado assunto ou estímulo, por meio de opiniões, ideias e impressões expressas por convidados que participam de uma conversa em grupo, conduzida por um moderador. Normalmente, a discussão que ocorre entre os entrevistados resulta em análise bastante rica, visto que o questionamento entre eles faz aflorar vários aspectos, inclusive emocionais, que, individualmente, tendem a não aparecer.

Cada grupo varia de sete a 12 pessoas, no máximo, sendo normalmente utilizados grupos de oito pessoas. O grupo reúne-se em sala de espelho, em torno de uma mesa, em ambiente descontraído, como se estivesse a uma mesa de bar ou de restaurante. Para isso oferece-se, dependendo do horário do grupo, café da manhã, almoço, salgadinhos ou jantar, com refrigerantes, água e café. Com todos os participantes cientes, a reunião é registrada em áudio e vídeo, para facilitar o posterior trabalho de análise. Dependendo do assunto, por vezes há também um taquígrafo dentro da sala, tomando notas da reunião. Por trás do espelho, na "sala do cliente" encontram-se profissionais da

---

[3] Trata-se de um tipo de pesquisa de observação, na qual o entrevistador passa um ou mais dias acompanhando o entrevistado, em casa ou no ambiente de trabalho. A partir dela é possível chegar a determinadas constatações ou levantar hipóteses que deverão ser submetidas à validação em pesquisas posteriores.

[4] A *central location* é uma loja ou sala, em local comercial, onde ambientes especiais servem como centros de pesquisas que envolvem degustações, fragrâncias, entre outros, em um tipo de DG que requer a experimentação de determinado produto ou serviço.

empresa contratante, que têm a possibilidade de corrigir os rumos da discussão ou fazer sugestões ao moderador durante o desenrolar da dinâmica de grupo. Veja um esquema de sala de espelho na figura 18.

Figura 18
PLANTA BAIXA DE UMA SALA DE ESPELHOS TÍPICA

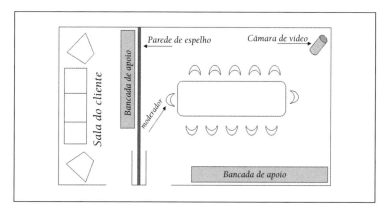

A duração de cada grupo varia, normalmente, de uma hora e meia a três horas. É claro que quanto mais atraente for o assunto para os participantes do grupo, mais eles se sentirão estimulados a falar, o que ajuda a aumentar a duração de cada grupo. Outros fatores que interferem na duração do grupo são o tamanho do roteiro e a quantidade de material a ser testado.

A quantidade de dinâmicas de grupo utilizadas em um estudo qualitativo com DGs varia de acordo com a cobertura geográfica e o perfil socioeconômico desejado para os entrevistados. Para chegarmos à definição desse número, a primeira pergunta que se deve fazer é se, em relação ao assunto estudado, realmente há entre as diferentes regiões geográficas do país diferenças tão marcantes que justifiquem a realização de DGs em todas elas. A prática mostra que a resposta a essa pergunta costuma levar à escolha de poucas regiões para estudo.

A segunda pergunta diz respeito às diferenças socioeconômicas e demográficas do público a ser entrevistado. Normalmente, não se misturam classes sociais diferentes, para evitar que as pessoas não se sintam à vontade para emitir sua opinião. Ou seja, buscamos a montagem de grupos homogêneos, inclusive com relação a aspectos comportamentais. Para atender a esse aspecto, a pergunta prioritária deve ser: há diferenças de comportamento entre as pessoas, na relação com o produto ou o assunto pesquisado, que nos obrigue a separar grupos por faixas de idade ou gênero, por exemplo? Para alguns temas ou produtos, é possível misturar homens e mulheres em um mesmo grupo. Para outros, a separação é indispensável. O mesmo ocorre entre pessoas mais jovens ou mais maduras. Um estudo sobre mercado bancário, por exemplo, pode não exigir qualquer segmentação; outro, sobre roupas íntimas, pode deixar as pessoas pouco à vontade se não houver segmentação.

Em condições gerais, três ou quatro grupos de discussão são suficientes para fornecer todos os dados de que necessitamos. Aaker e colaboradores (2001:214) argumentam que "O analista [...] consegue muito aprendizado na primeira discussão. A segunda [...] produz pouca coisa nova. Por volta da terceira ou quarta sessões, quase tudo o que é dito já foi ouvido, e existe pouco a ser ganho com outros grupos".

Mas atenção: um estudo desenhado com uma quantidade de grupos inferior a três estará muito vulnerável, posto que eventuais desvios em apenas um grupo podem acabar não sendo detectados, gerando viés no resultado da pesquisa.

O papel do moderador em uma discussão em grupo é fundamental. Ele deve ser um profissional experiente não só em controlar grupos, deve estar apto também a realizar em profundidade análises do discurso, uma vez que o relatório final está a seu cargo. A ele caberá o controle do grupo, fazendo com que as pessoas estejam descontraídas e falem sobre todos os pontos listados no roteiro. O encadeamento dos pontos deve ser feito de forma natural, buscando ganchos nas falas dos participantes dos grupos. Além disso, o moderador deve evitar que uma pessoa, seja por eloquência, seja por carisma, se torne o centro das atenções do grupo, levando todos os demais a seguir sua linha de raciocínio. Assim, cabe ao moderador estimular que todos participem da discussão equilibradamente, evitando o monólogo ou o diálogo apenas entre poucos.

O fato de o estudo se realizar em uma sala de espelho permite o controle *real time*, ou seja, sempre que necessário, os profissionais da empresa contratante podem interferir, indiretamente, no grupo, por meio de pequenos bilhetes enviados ao moderador, em geral, ou por meio da equipe de suporte, seja alguém que serve o lanche ou um profissional da empresa contratada. Por meio dessa estratégia, é possível solicitar ao moderador que detalhe mais um determinado assunto ou lembrar algum ponto que não tenha ficado suficientemente claro. Assim, embora assegure a participação, esse tipo de procedimento mantém os profissionais da empresa fora do ambiente da discussão, espaço que não deve ser utilizado pela empresa para responder a críticas eventualmente feitas pelos entrevistados.

Há casos em que é feito um estudo *blinded*, em que o entrevistado não é informado sobre qual empresa está contratando a pesquisa, sendo revelado apenas o segmento, em virtude da natureza da discussão. Isso ocorre, por exemplo, quando a identificação da empresa pode despertar sensações de simpatia ou rejeição tão intensas que levariam a mudanças de comportamento e atitude dos entrevistados, refletidas em suas opiniões.

Ao fim da DG, é usual dar aos participantes brindes e uma ajuda de custo que cubra com folga as despesas de transporte que ele teve para ir à reunião. É muito importante atentar para o brinde que será oferecido. Não precisa ser necessariamente caro, mas precisa valorizar a imagem da empresa contratante. Há algum tempo, em uma DG com mulheres da alta sociedade carioca, o instituto ia oferecer como brinde sanduicheiras elétricas, produto que não se coadunava com o perfil das participantes. Graças à intervenção do profissional de pesquisa da empresa contratante, o brinde foi trocado por uma garrafa de licor importado, que foi muito bem recebida.

Sinteticamente, as principais vantagens e desvantagens das discussões em grupo, estabelecidas por Malhotra (2001:161- -162), estão expressas no quadro 21.

Quadro 21

VANTAGENS E DESVANTAGENS DAS DGs

Vantagens	
Sinergia	A interação entre os entrevistados produz um maior número de informações aprofundadas do que nas respostas individuais.
Reação em cadeia	Os comentários de uma pessoa desencadeiam respostas positivas ou negativas dos outros participantes.
Estímulo	O grupo de entrevistados tende a responder com interesse e expectativa aos estímulos gerados pelo moderador sobre cada tópico em questão.
Espontaneidade	As respostas dos entrevistados podem ser espontâneas e não convencionais, gerando *insights* para a tomada de decisão.
Velocidade	A coleta e a análise de dados são mais rápidas, se comparadas com as entrevistas em profundidade, pois entrevista várias pessoas ao mesmo tempo.
Desvantagens	
Equívoco metodológico	Os resultados podem ser usados erroneamente se forem considerados representativos do universo em vez de exploratórios.
Personalidade dos entrevistados	Entrevistados que formam opinião, que influenciam os demais, que monopolizam as atenções, ou introvertidos demais podem inibir a interação do grupo.
Julgamento incorreto	Os resultados podem ser interpretados somente de acordo com as impressões do cliente e do pesquisador.
Moderação	A qualidade dos resultados depende da experiência do moderador.
Confusão	A abordagem não estruturada da coleta de dados torna a codificação, a análise e a interpretação das respostas um desafio para o pesquisador.

Entrevistas individuais em profundidade

As entrevistas individuais em profundidade, ou, simplesmente, entrevistas em profundidade (EP), são feitas com cada entrevistado, seguindo um roteiro de questões previamente elaborado, capaz de explorar, com bastante detalhamento, os itens que se deseja conhecer.

Normalmente, essa técnica é escolhida quando é preciso ouvir um público mais exclusivo, que dificilmente compareceria a discussões em grupo, seja por não ter disponibilidade em suas agendas, seja por questões de segurança, como empresários, altos executivos, políticos de alto escalão. Também é usada para corrigir problemas operacionais ocorridos em discussões em grupo. Nesse caso, não se trata de uma escolha *a priori*, mas de uma consequência de um problema ocorrido no desenvolvimento da outra técnica, como o baixo comparecimento de entrevistados em uma DG ou a necessidade de esclarecer alguma dúvida que persista ao fim dos grupos.

Nessa técnica, a habilidade do recrutador e do entrevistador são fundamentais. O recrutador tem que ser suficientemente persuasivo para "furar" o bloqueio criado pelas recepcionistas e secretárias, a fim de proteger os executivos, conseguindo marcar as entrevistas; e o entrevistador precisa criar um clima de empatia com o entrevistado logo no início da entrevista, mantendo-o até o final. Para isso, é fundamental que o entrevistador tenha o mesmo registro de linguagem do entrevistado e conheça o assunto que está abordando em profundidade, a fim de facilitar o diálogo e, mesmo, provocar construtivamente o entrevistado, sabendo questioná-lo com propriedade a partir das respostas obtidas.

Em certos casos, pode-se chegar ao extremo de se precisar que o entrevistador seja um ex-executivo do setor em questão, um pesquisador conhecido no mercado, um professor ou até um jornalista (especialmente se o público a ser abordado for a imprensa). Por exemplo, se a entrevista em profundidade precisa ser feita com fabricantes de aviões, podem ser utilizados como entrevistadores engenheiros altamente qualificados, com mestrado e até doutorado em engenharia aeronáutica, e com grande conhecimento técnico dos aviões do fabricante em questão.

McDaniel e Gates (2003)estabelecem as principais vantagens e desvantagens das entrevistas em profundidade (EP), contidas no quadro 22.

Quadro 22
VANTAGENS E DESVANTAGENS DAS ENTREVISTAS INDIVIDUAIS

Vantagens	Desvantagens
Permitem que cada entrevistado revele suas mais sinceras opiniões, já que não estarão sob julgamento de outras pessoas.	Alto custo, exigindo que o investimento em pesquisa seja significativo.
O entrevistado se vê como o centro das atenções, o que facilita a abertura para explorar pensamentos e ideias.	O entrevistado pode não ser sensibilizado o suficiente com a temática da pesquisa, prejudicando o aprofundamento de algumas das questões previstas no roteiro.
O tempo dedicado à entrevista possibilita maior revelação de informações.	As entrevistas são mais demoradas e cansativas, demandando maior disponibilidade de tempo do entrevistado.
Novas perguntas podem ser improvisadas mais facilmente, em decorrência dos comentários e reações do entrevistado.	O sucesso da entrevista está muito vinculado à qualidade do entrevistador.

A entrevista deve transcorrer como uma conversa, o mais informal possível, não estando "engessada" pelo roteiro: o roteiro indicará ao entrevistador os pontos a serem abordados; porém, a sequência das perguntas, o modo de formulá-las, e mesmo a forma como serão aprofundadas será consequência das respostas obtidas. Assim, durante a entrevista, o pesquisador avalia as respostas e as usa como gancho para novas perguntas que possibilitem explorar em detalhes cada ponto de interesse aos objetivos do estudo. Com esse encadeamento das perguntas é que se consegue sair de aspectos puramente racionais, para obter indícios dos aspectos menos óbvios, que impactam o ponto que estiver sendo investigado.

Pelo que se pode perceber, ambas as técnicas trazem vantagens e desvantagens, motivo pelo qual adaptamos de Aaker o quadro 23, no qual estão sintetizadas, comparativamente, as principais características de cada uma das duas técnicas.

Quadro 23
COMPARATIVO DGS E ENTREVISTAS EM PROFUNDIDADE

Características	Discussões em grupo (DGs)	Entrevistas em profundidade
Interações do grupo	A interação pode estimular novas ideias aos participantes.	O estímulo para novas ideias tem que partir do entrevistador.
Pressão do grupo	A pressão e o estímulo do grupo podem esclarecer e desafiar as novas ideias.	Na ausência da pressão do grupo, as ideias dos participantes não são desafiadas.
Competição dos respondentes	Como os respondentes competem entre si para se manifestar, existe menos tempo e menos chance de se obterem detalhes de cada participante.	O indivíduo pode se expressar de modo a fornecer informações mais detalhadas sobre cada aspecto.
Influência	As respostas de cada participante podem ser contaminadas pelas de outros membros do grupo.	Não há possibilidade de influência.
Natureza do tema	Em caso de temas mais difíceis de serem abordados, os participantes podem se sentir constrangidos para falar.	Em caso de temas mais difíceis de serem abordados, os participantes podem se sentir mais à vontade para falar.
Fadiga do entrevistador	Um único entrevistador pode conduzir várias sessões sem cansaço ou desmotivação.	A fadiga ou desmotivação acometem o entrevistador no caso de grande quantidade de entrevistas.
Quantidade de informação	Quantidade relativamente grande de informações é obtida em curto espaço de tempo e com custos razoavelmente baixos.	Quantidade relativamente grande de informações só pode ser obtida em largo espaço de tempo, com custos razoavelmente altos.
Agenda	Dependendo do perfil do respondente, pode ser difícil agendar uma sessão, principalmente tratando-se de pessoas muito ocupadas.	O agendamento da entrevista depende exclusivamente da disponibilidade do entrevistado.

Além desses, entre os métodos de coleta de dados citados, vale destacar um pouco mais a pesquisa etnográfica, que faz uso do método de observação. Nesse tipo de pesquisa, o comportamento real do público-alvo é estudado, a fim de identificarmos particularidades, padrões de comportamento e características que impactam a decisão de compra, mas que não são facilmente percebidos com os métodos tradicionais de levantamento de dados. Baseado na etnografia, ramo da antropologia que se dedica à pesquisa de campo, o método de observação utiliza câmeras de vídeo, registros fotográficos ou mesmo a presença participativa do pesquisador no *habitat* do elemento pesquisado, por exemplo, em supermercados, lojas, praias, danceterias e até na própria residência do consumidor, para investigar e entender o comportamento efetivo das pessoas.

O método qualitativo de observação, também chamado de marketing etnográfico, e que visa interpretar fatos sociais, ainda é pouco utilizado por empresas no Brasil. Contudo, se apresenta como uma alternativa aos outros métodos de coleta de dados que não têm o alcance suficiente para compreender o comportamento real do consumidor, atendo-se mais ao mapeamento de intenções de compra e aspectos aspiracionais ou atitudinais.

Como todo método de coleta de dados, a observação também tem suas vantagens e desvantagens. As vantagens dizem respeito à avaliação do comportamento efetivo, com a obtenção de dados que jamais seriam notados em pesquisas convencionais. Também é um método menos sujeito a tendenciosidades advindas da interpretação do discurso do elemento pesquisado. Segundo McDaniel e Gates (2003:165), "observar o que as pessoas fazem, em vez de depender de seus relatos, tem uma vantagem óbvia e significativa: os observadores veem o que as pessoas de fato fazem, em vez de depender do que elas dizem ter feito".

Já as principais desvantagens do método de observação são as seguintes: as razões do comportamento podem não ser determinadas; a percepção seletiva do pesquisador pode tornar os dados tendenciosos; os dados observacionais exigem tempo e são dispendiosos; e, finalmente, em alguns casos, pode ser antiético adotar o método de observação sem o conhecimento ou o consentimento das pessoas.

Ao longo do tempo, muito se caminhou em termos de pesquisas qualitativas. No contexto do marketing, a utilização de técnicas qualitativas teve início com a adaptação de procedimentos recém-criados da psicologia. Hoje, um conjunto de técnicas e métodos permite elevado grau de segurança na capacidade que as pesquisas qualitativas têm de gerar resultados positivos.

Recrutamento e seleção de entrevistados

Todo tipo de pesquisa exige cuidados no recrutamento de entrevistados. No entanto, pelo fato de não estarem submetidos a regras de amostragem, com grupos focais e entrevistas em profundidade, esse recrutamento precisa ser especialmente primoroso. Por isso, é indispensável prestar atenção simultaneamente aos três grandes aspectos apresentados na figura 19.

Figura 19
CUIDADO NO RECRUTAMENTO DE PESQUISAS QUALITATIVAS

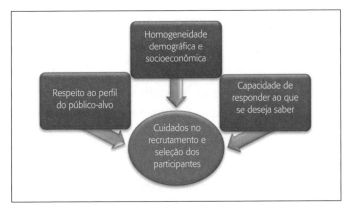

O perfil desejado de público-alvo precisa ser usado como parâmetro. Por outro lado, a escolha dos entrevistados deve levar em conta uma homogeneidade demográfica e socioeconômica capaz de garantir certa semelhança entre percepções e motivações de consumo. Por fim, os entrevistados recrutados deverão ser capazes de responder àquilo que se deseja saber. Não adianta organizar uma dinâmica de grupo sobre os serviços da ponte aérea Rio-São Paulo com pessoas que não usam costumeiramente esse serviço das companhias aéreas.

Habitualmente, chega-se aos respondentes por meio de um questionário que demarca um perfil que permite selecionar o indivíduo para participar da pesquisa. Com esse tipo de cuidado, é possível assegurar-se de que o perfil de respondente que se deseja será obtido.

Assim, é importante definir o perfil a partir de critérios como gênero, idade, atividade profissional, além de um conjunto de elementos extremamente variável, de acordo com o interesse da pesquisa. Podem ser, por exemplo, mulheres, entre 25 e 30 anos, que trabalhem fora, tenham cargo executivo em empresas privadas, sem filhos, e que usem perfume todos os dias; pais de universitários, que tenham seu próprio carro, embora não tenham renda própria; senhoras de mais de 55 anos, com renda própria, avós de crianças até 5 anos, que estejam planejando suas viagens de férias, ou diretores de empresas de economia mista, com sede na região Sudeste do Brasil. Geralmente, são selecionadas entre três e quatro variáveis para compor o perfil do público-alvo de uma pesquisa. Usar uma quantidade maior de variáveis aumenta significativamente a complexidade da escolha dos respondentes, com consequente elevação do custo da pesquisa. Além disso, usuários e não usuários de determinada marca ou produto são figuras frequentes em grupos de foco, e sua presença em um mesmo grupo pode contribuir para um confronto saudável de ideias entre os participantes.

O perfil da pessoa a ser entrevistada, física ou jurídica, deve estar claro tanto para quem encomenda a pesquisa quanto para quem é contratado para recrutá-la. Dependendo do perfil, é possível que a empresa solicitante não possua listas de clientes que permitam escolher, *a priori*, um conjunto possível de respondentes. Da mesma forma, a empresa contratada para realizar o recrutamento pode não ter, previamente, listas de sujeitos dentro do perfil a ser pesquisado. Nesses casos, será necessário criar a base a partir da qual serão extraídos os pesquisados. Muitos grupos de discussão e respondentes de entrevistas individuais são selecionados a partir da captação de entrevistados potenciais em locais públicos, como shopping centers, aeroportos e estabelecimentos comerciais, por meio de questionários de definição de perfil, ou questionários de recrutamento.

Como nem sempre esse recrutamento é fácil e rápido, é indispensável ter cuidados para que as pessoas que compõem o grupo estejam, efetivamente, dentro do perfil pretendido. Fornecedores de cadastro pouco éticos podem recrutar entrevistados fora do perfil especificado, apenas para cumprir a quota, o que compromete tremendamente os resultados do estudo. Essa situação precisa ser evitada a todo custo. Por outro lado, quando a pessoa já participou de vários grupos de discussão, já conhece os procedimentos usados, e isso pode vir a atrapalhar a dinâmica do grupo. Por isso, na primeira fase do recrutamento, é indispensável perguntar se a pessoa já participou de alguma pesquisa qualitativa anterior, evitando-se validar o convite àqueles que já o fizeram há menos de um ano, ou que tenham falado sobre o mesmo tema, produto ou serviço, mesmo que há mais tempo.

Para viabilizar o controle da qualidade do perfil dos respondentes, a Associação Brasileira das Empresas de Pesquisa (Abep) criou, em 1997, o Controle de Qualidade de Recrutamento em Pesquisas Qualitativas (CRQ). Trata-se de um sistema de banco de dados, ligado à internet, que registra, a partir das informações dos institutos de pesquisa, todas as pessoas que participaram de pesquisas qualitativas no Brasil. A verificação do CRQ na fase de recrutamento dos participantes para pesquisas qualitativas evita a incidência dos chamados "respondentes profissionais", ou seja, aqueles que já participaram várias vezes, permitindo aprimorar a qualidade do recrutamento. Infelizmente, na prática, a seleção desses participantes algumas vezes não é adequada. Em virtude da dificuldade natural de localizar elementos com determinados perfis, alguns prestadores de serviços de recrutamento deturpam o processo de identificação e seleção, solicitando aos recrutados que finjam ser usuários ou não usuários de uma marca ou produto, isso quando não extrapolam essa prática para o restante dos filtros de perfil, o que gera viés na coleta de dados, distorção na qualidade dos resultados e um enorme prejuízo para o tomador de decisão.

Coleta de dados na pesquisa qualitativa

A coleta de dados em uma pesquisa qualitativa se dá pelo uso de um roteiro de entrevista. O roteiro é estruturado com perguntas abertas, ou tópicos, que deverão ser estimuladas pelo moderador ao entrevistado paulatinamente, de modo a assemelhar-se a uma conversa informal, produzindo respostas que abordem o assunto em profundidade. Por isso, um bom roteiro deve procurar fugir da dinâmica habitual de inquérito, no modelo pergunta e resposta. Isso desgasta o andamento da dinâmica, reduz a boa vontade do respondente em colaborar, e acaba não produzindo o efeito desejado, ou seja, a abordagem em profundidade. Assim, um bom moderador deve ir articulando os diferentes itens do roteiro à medida que vão aparecendo a partir da própria fala do entrevistado, isto é, deve ir entabulando a conversa, enquanto os elementos previamente estabelecidos vão aparecendo.

Um roteiro de pesquisa bem construído apresenta etapas bem definidas, que podem ser exemplificadas na figura 20.

Figura 20
MODELO GENÉRICO DE ROTEIRO DE PESQUISA QUALITATIVA

Nesse tipo de pesquisa, o início do trabalho é sempre mais delicado, razão pela qual Aaker e colaboradores (2001:214) sinalizam com procedimentos que facilitam a interação nos momentos iniciais.

> Geralmente, o mais indicado é iniciar com uma discussão genérica e ir-se detalhando as questões específicas, pois o caminho contrário pode influenciar a visão geral. [...] é mais fácil lidar com questões específicas quando são precedidas de uma discussão geral.

A primeira etapa apresenta o moderador ou entrevistador e os objetivos da pesquisa, bem como solicita a colaboração dos entrevistados, explicando, em seguida, a metodologia que será utilizada na coleta de dados, seja grupo de foco ou entrevista pessoal em profundidade.

A segunda etapa envolve o que se chama de *warm up*, ou seja, o aquecimento da entrevista ou grupo para uma coleta de dados rica e proveitosa. A etapa de aquecimento introduz a discussão em um contexto genérico, tomando por base a realidade de vida e o cotidiano dos entrevistados. A utilização de uma abordagem ampla no início da entrevista visa facilitar a discussão das questões de maior interesse previstas mais à frente no roteiro. Em uma pesquisa qualitativa para empreendedores de empresas incubadas de alta tecnologia, podemos utilizar como aquecimento as seguintes questões: "De que forma fazer parte de uma empresa nova, de alta tecnologia, contribui para a busca da realização profissional? Que dificuldades vocês estão encontrando nesse percurso?".

A terceira etapa começa a direcionar a discussão para o tema relevante ao estudo. Aqui, são mapeados os produtos ou serviços comprados e as possíveis razões de compra vinculadas às necessidades e aos desejos dos consumidores. Na pesquisa com os empreendedores, a questão a seguir ilustra o direcionamento da discussão para o assunto de interesse: "Em situações que envolvam o investimento em empresas de base tecnológica, instituições públicas e privadas tais como X, Y, Z e W são conhecidas. Vocês já buscaram linhas de financiamento com elas alguma vez?".

Naturalmente, as relações dos produtos com marcas surgem a partir de conhecimento, preferências e opiniões dos consumidores. A pesquisa com os empreendedores pode adotar a seguinte abordagem: "Que opiniões vocês têm a respeito dessas instituições? O que mudaria para vocês se essas instituições deixassem de existir?".

Por fim, na última etapa do roteiro, o foco da discussão fica centrado nos pontos de maior interesse do estudo. Os empreendedores da pesquisa de alta tecnologia passam a ficar a maior parte do tempo da entrevista conversando a respeito das seguintes questões: "Essas instituições estão fazendo uma série de propostas em novas linhas de incentivo para pequenos empresários. Vocês acreditam que essas inovações em serviços podem facilitar o relacionamento dos incubados com essas instituições? Muitas dessas instituições visam fomentar o desenvolvimento tecnológico. Vocês acreditam nisso?".

Por vezes é possível acrescentar uma última etapa, chamada de "Falsa conclusão" (Aaker et al., 2001:215). Nela, o moderador encerra a sessão, despede-se das pessoas, e pergunta se mais alguém gostaria de dizer mais alguma coisa. Muitas vezes, a discussão é retomada e, nesse final, surgem ideias importantes.

Em situações em que a abordagem inicial é mais difícil, podem ser utilizadas técnicas para deflagrar a discussão. São chamadas de técnicas projetivas, pelo fato de mobilizarem o entrevistado a projetar sobre outras pessoas ou outras situações suas motivações, crenças, atitudes ou sensações a respeito de um problema em estudo, fazendo com que suas atitudes sejam reveladas.

O quadro 24 apresenta tipos de técnicas projetivas.

Quadro 24
TÉCNICAS PROJETIVAS PARA PESQUISAS QUALITATIVAS

Técnica da terceira pessoa
Em vez de solicitar a opinião do entrevistado sobre algo, busca-se saber o que ele acha que outras pessoas pensam. Ou seja, quando os entrevistados interpretam o comportamento de terceiros, e não o deles, falam de outros, mas, indiretamente, acabam projetando ali suas próprias ideias ou sensações, fazendo com que suas atitudes sejam reveladas.
Associação de palavras
O estímulo é deflagrado pelo moderador, com uma palavra ou frase, a que o entrevistado deve associar a primeira palavra ou frase que lhe vem à cabeça. A lista de termos deve intercalar elementos que interessem à pesquisa e outros, aleatórios e desconexos, e deve ser apresentada suficientemente rápido para não permitir que se criem mecanismos de defesa. Essa técnica é especialmente utilizada em testes de nomes de marcas ou slogans publicitários.
Interpretação de imagem
Apresenta-se ao entrevistado uma imagem, que pode ser uma figura, uma fotografia ou um desenho, a qual permite várias interpretações, para verificar se deve ou não ser associada a determinado produto ou marca.
Colagem de figuras
Pede-se aos entrevistados que selecionem, em um conjunto de revistas, figuras ou palavras, que, em sua visão, relacionem-se ao tema proposto. O resultado vai revelar o que os entrevistados sentem ou como percebem um determinado assunto ou objeto.

Análise e apresentação de resultados

Na sequência das etapas anteriormente descritas, a análise dos resultados qualitativos requer do profissional responsável a maior isenção e nenhum preconceito.

A análise e a interpretação dos resultados é complicada pela extrema disparidade dos comentários geralmente obtidos, o que significa dizer que qualquer analista pode encontrar algo que seja convergente com seus próprios pontos de vista sobre o problema [Aaker et al., 2001:215].

Para que se consiga um bom resultado, é imprescindível não deixar de seguir o roteiro que serviu de base para a pesquisa.

Inicialmente, deve-se transcrever as fitas de áudio dos grupos e entrevistas, com tudo o que foi dito sobre cada item do roteiro, antes de iniciar a análise. Entretanto, a mera transcrição não vai garantir um bom relatório final. É necessário contextualizar os comentários, para que suas implicações fiquem mais evidentes. É importante, portanto, interpretar os resultados em função das hipóteses testadas. Quando pertinente, novas hipóteses devem ser indicadas, para que sejam testadas posteriormente.

Além dos comentários verbais, é de grande valia que o analista consiga interpretar as respostas não verbais que ocorreram durante o grupo. Gestos, atitudes, expressões fisionômicas diante de comentários alheios, todos esses elementos podem ser considerados na análise, ainda que não verbalizados. O ideal é que o moderador aproveite esse tipo de manifestação durante o grupo para extrair mais informações do grupo. Mas nem sempre isso é possível, em face da própria dinâmica do trabalho. De qualquer forma, é preciso compreender que uma resposta negativa a um questionamento pode, na verdade, ocultar uma resposta positiva que o entrevistado não teve coragem de verbalizar.

Portanto, um moderador experiente é de suma importância para que se consiga um bom relatório. A capacidade de "ler nas entrelinhas" do depoimento de cada entrevistado e de conseguir interpretar conceitos que, em um primeiro momento, parecem não fazer sentido, é um dos segredos de um relatório que responde às perguntas que geraram a pesquisa. Entretanto, em muitos casos, só conseguimos entender o real sentido de certos pontos de vista no momento da análise após uma leitura atenta e interpretativa de todas as falas. A imagem dos grupos, que mostra os assentimentos de cabeça, os gestos de impaciência, as concordâncias ou discordâncias, também é fundamental. Afinal, o "corpo fala". É como se estivéssemos montando um quebra-cabeça em que há sempre uma peça importante, sem a qual não conseguimos completar a figura.

Ao elaborar o relatório final, é importante justificar a análise com a transcrição de algumas falas dos entrevistados. Isso mostra a seriedade do estudo e dá credibilidade ao relatório. Dessa forma, será possível prender a atenção das pessoas que estão assistindo à apresentação da pesquisa e, na maioria dos casos, a interação será mais profícua, sanando-se as dúvidas e os questionamentos no momento adequado. Também não devemos esquecer que, por ser um estudo qualitativo, gráficos e tabelas não devem fazer parte nem do relatório nem da apresentação da pesquisa. A figura 21 resume os principais componentes do relatório final de pesquisa qualitativa.

Este capítulo apresentou em detalhes a pesquisa qualitativa, suas características e técnicas de abordagem. Analisou o desenvolvimento desse tipo de pesquisa, abordando o recrutamento e a seleção de entrevistados, a coleta de dados, por meio de grupos de discussão, entrevistas individuais em profundidade e observação, tratando ainda da análise e da apresentação de resultados.

Figura 21
PRINCIPAIS COMPONENTES DO RELATÓRIO FINAL DE PESQUISA QUALITATIVA

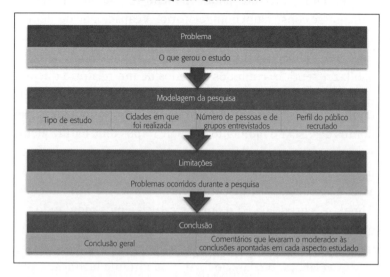

Conclusão

Aceitando o desafio de organizar uma ampla gama de conceitos em uma obra concisa, os autores deste livro procuraram detalhar a atividade de pesquisa de mercado, tendo em vista o que existe de mais atual no alinhamento entre a teoria e a prática. A abordagem teórica foi ilustrada com exemplos da vida prática, procurando fazer com que os aspectos conceituais ganhassem profundidade não apenas técnica, mas com uma real contribuição para o dia a dia profissional, buscando proporcionar uma visão gerencial da ferramenta de pesquisa.

A discussão das principais aplicações da pesquisa de mercado como forma de alimentar o sistema de informações de marketing e o planejamento da pesquisa foi direcionada principalmente àqueles que, na posição de executivos de marketing ou de gestores principais, contratam ou um dia poderão contratar serviços de um instituto de pesquisa.

Pudemos entender a importância da pesquisa como uma ferramenta de apoio na tomada de decisões, por coletar dados e produzir informações importantes para a resolução de problemas de marketing. Vimos as diferentes situações de aplicação de uma pesquisa: avaliar oportunidades de mercado, desenvolver opções de segmentação de mercado, compreender as atitudes e o comportamento do consumidor. Entendemos que as decisões de marketing se baseiam na leitura de alguns componentes importantes, como análise do mercado, análise do composto de marketing, e informações sobre medidas de desempenho.

Pôde-se compreender também como um dado vira informação por meio do SIM, reconhecendo a importância de uma equipe preparada para pesquisar e analisar as tendências de mercado e do consumidor, como elemento fundamental para a estruturação da empresa.

Abordou-se o desenho de um plano de pesquisa, entendendo que sua elaboração interfere diretamente nos resultados a serem buscados. É preciso saber definir o problema de pesquisa, os objetivos (principais e secundários) e elaborar um *briefing*. Tratamos de um conjunto de critérios que pode ser usado para contratar os serviços de um instituto de pesquisa, partindo do princípio de que o esforço de pesquisa de mercado será realizado com a ajuda de profissionais especializados. Vimos, ainda, que é preciso saber escolher as fontes de dados, optando pela metodologia mais adequada para alcançar os resultados mais próximos à realidade, podendo então chegar a informações que ajudem na resolução do problema inicial.

Esperamos ter sido possível aprimorar nosso entendimento sobre pesquisa quantitativa, sua utilização, planejamento e elaboração. Vimos que a informação é um dos principais ingredientes do sucesso de uma estratégia de marketing, por isso a importância de se obterem dados fidedignos e extrapoláveis para o universo pesquisado. Para isso, valemo-nos de amostras estatisticamente válidas. É fundamental planejar bem uma pesquisa quantitativa para aumentar suas chances de sucesso. Para isso, necessitamos definir previamente: o questionário; o método e o desenho da amostra; a definição do método de coleta de dados e os procedimentos de campo; a checagem, forma de tabulação e análise dos dados; e, por fim, a elaboração do relatório final da pesquisa, com as recomendações para a apresentação.

Na sequência, pudemos compreender que a pesquisa qualitativa é um estudo não estatístico que especifica profundamente dados não mensuráveis de um determinado grupo de indivíduos em relação a um problema específico, busca compreensão em profundidade do perfil do consumidor, com uma dinâmica de coleta de dados flexível, orientada na maior parte das vezes por um roteiro de perguntas técnicas predeterminadas. Sua tabulação exige experiência e análise profunda dos dados coletados, e a composição de sua amostra exige rigor e cautela para não comprometer os resultados finais. Contribuem diretamente para um resultado verossímil e confiável a elaboração de um bom roteiro de perguntas abertas e orientações para o entrevistador obter o maior número de informações pertinentes.

Muitas situações típicas de marketing envolvem a integração de pesquisa qualitativa e quantitativa, por isso procuramos analisar cada uma delas para facilitar sua integração. Mais uma vez, a intenção dos autores neste ponto do livro foi muito mais a de contribuir para criar bons clientes de pesquisa, conscientes e capazes de avaliar propostas técnicas, do que criar pesquisadores. Estes últimos, segundo entendimento corrente, só se formam na prática do trabalho de campo. Entretanto, oferecer condições para que haja um repertório equilibrado entre contratante de pesquisa e pesquisador pautou o detalhamento das metodologias.

Por fim, cabe ressaltar que este livro não tem a pretensão de esgotar o assunto sobre novas aplicações da pesquisa de mercado, mas sim, de destacar a pesquisa como fonte e ferramenta inesgotável de inovações metodológicas, que visam aproximar cada vez mais as empresas de seus consumidores-alvo, a fim de desvendar as relações e as lógicas de consumo, nem sempre racionais e um tanto quanto emocionais.

Referências

AAKER, David et al. *Pesquisa de marketing*. São Paulo: Atlas, 2001.

CASTRO, Guilherme C. *Pesquisa de mercado*. Rio de Janeiro: FGV On-line, 2006.

MALHOTRA, Naresh K. *Pesquisa de marketing*. Uma orientação aplicada. Porto Alegre: Bookman, 2001.

MATTAR, Fauze N. *Pesquisa de marketing*. São Paulo: Atlas, 2000.

McDANIEL, Carl; GATES, Roger. *Pesquisa de marketing*. São Paulo: Pioneira Thomson Learning, 2003.

SAMARA, Beatriz S.; BARROS, José Carlos de. *Pesquisa de marketing — conceitos e metodologia*. São Paulo: Prentice Hall, 2001.

WEINSTEIN, A. *Segmentação de mercado*. São Paulo: Atlas, 1995.

Os autores

Roberto Meireles Pinheiro

É mestre em educação pela PUC-Rio, pós-graduado em administração pelo Coppead/UFRJ e engenheiro naval pela EE-UFRJ. Professor convidado da Fundação Getulio Vargas, é autor de diversos artigos, capítulos de livros e cursos em EaD. É um dos autores do livro *Comportamento do consumidor* (FGV, 2011, FGV Management, série Marketing). E é autor do livro *Inteligência competitiva e pesquisa de mercado* (Iesde, 2009).

Guilherme Caldas de Castro

É mestre em engenharia de transportes com ênfase em marketing (Coppe/Coppead); estatístico formado pela Uerj; pós-graduado em análise de sistemas (Cepuerj); professor de pesquisa de mercado e estatística e coordenador do curso de bacharelado em estatística da Uerj; presidente do Grupo Executivo de Pesquisa de Clima (Gepec); presidente do Comitê de Inteligência e Pesquisa de Mercado da Associação Brasileira de Anunciantes (ABA); diretor da ABA; desde 2000, professor convidado do IDE/FGV Management; presidente do conselho editorial da *Revista Brasileira de Pesquisas de Marketing, Opinião e Mídia* — PKMT; e autor de diversos artigos, capítulos de livros e cursos em EaD. É também um dos autores do livro *Comportamento do consumidor* (FGV, 2011, FGV Management, série Marketing).

Helder Haddad Silva

É mestre em administração de empresas pela PUC-SP, especialista em marketing e publicitário pela ESPM-SP. Sua experiência profissional inclui docência em cursos de administração, marketing e publicidade e propaganda. É um dos autores do livro *Comportamento do consumidor* (FGV, 2011, FGV Management, série Marketing).

José Mauro Gonçalves Nunes

É doutor em psicologia pela PUC-Rio, psicólogo pela UFRJ, professor convidado do IDE/FGV Management, professor adjunto da Faculdade de Educação da Uerj, trabalhando no Laboratório de Estudos da Aprendizagem Humana (Leah) e na Coordenação Especial de Educação Continuada (Ceec) da reitoria da universidade. Foi professor adjunto do Departamento de Psicologia da PUC-Rio, e é autor de diversos artigos acadêmicos, e um dos autores do livro *Comportamento do consumidor* (FGV, 2011, FGV Management, série Marketing).

Este livro foi impresso nas oficinas gráficas da Editora Vozes Ltda.,
Rua Frei Luís, 100 – Petrópolis, RJ.